大人の遠足BOOK

尾瀬と周辺の山をあるく

ハンディ 特別付録

登山地図

尾瀬全図

1:50,000

尾瀬と周辺の山をあるく

大人の遠足BOOK

尾瀬と周辺の山をあるく

Contents

尾瀬ヶ原エリア

尾瀬沼エリア

尾瀬の山

尾瀬周辺の山

表紙写真

【景観】
（上）ミズバショウが咲く中田代・
下ノ大堀からの至仏山
（下）大江湿原に広がるニッコウキスゲ
【中段花（左から）】
ムラサキヤシオ
イワショウブ
ミズバショウ

目次写真

【左ページ】
鳩待峠にある尾瀬国立公園の看板
シラタマノキの実／ニッコウキスゲ
ミヤマキスミレ／コバイケイソウ
【右ページ】
ヒメシャジン／オゼソウ
タカネナデシコ／コオニユリ
熊沢田代に延びる木道を行く

本書の使い方

本書のご利用にあたって

本書は、尾瀬とその周辺の山々を歩いて楽しむための案内書です。登山未経験者から上級者まで楽しめる、多様なコースを掲載しています。お好きなコースからチャレンジしてみましょう。

Ⓐ コースナンバー

紹介コースのナンバーです。コース地図内の主要通過点名横に付けられた丸囲み数字（❶⓲）に連動しています。

Ⓑ チャート

コース中の主要通過点とそこにある主な施設、主要通過点間のコースタイムを掲載しています。なお、数字と主要通過点名はコースガイドのものと一致しています。

Ⓒ 高低表

紹介コースのおおよその距離と標高を示した図です。縦軸は標高、横軸は水平距離です。水平距離は歩行距離よりもやや少な目に表示されますのでご注意ください。

Ⓓ レベル（難易度の指標）

難易度により、掲載している山のグレードが決まります。

【登山難易度】 ※歩行時間は1日のもの

★　遊歩道、散策路程度。危険箇所はない。歩行時間＝尾瀬ヶ原散策は4時間程度、登山コースは3時間程度

★★　よく整備された道。危険箇所はほとんどない。歩行時間＝尾瀬ヶ原散策は6時間程度、登山コースは5時間程度

★★★　程々の体力は必要だが、初級者でも少し頑張れば達成できる。道はほぼ整備されているが、若干注意を要する場所を通過する。歩行時間＝尾瀬ヶ原散策は8時間程度、登山コースは7時間程度

★★★★　体力・技術・経験をある程度要する。一部地図による確認が必要な箇所や、注意を要する場所を通過する。登山口と山頂の標高差が1000m前後ある。歩行時間＝登山コース9時間以内

★★★★★　体力・技術・経験をかなり要し、初級者は経験者の同行が必須。登山口と山頂の標高差が1500m前後ある。一部地図による確認が必要な箇所や、注意を要する場所を通過する。歩行時間＝登山コース9時間以上

【登山グレード】

入門＝★

初級＝★、★★（★でも程々の体力を要する場合は初級となります）

中級＝★★、★★★（★★でも歩行時間が長く、また程々の体力を要する場合は中級となります）

上級＝★★★、★★★★、★★★★★（★★★でもコース中に危険箇所や不明瞭箇所などがある場合は上級となります）

Ⓔ 日程

コースの日程です。「1泊2日または前夜発日帰り」といった記載がある場合は、余裕を持ったスケジュールとなる1泊2日の方をおすすめします（詳細はP14を参照）。なお、尾瀬は公共交通機関、尾瀬周辺の山はマイカー利用でのアクセスを前提としています。

Ⓕ コースタイム

コースの歩行時間の合計で、休憩時間は含みません。気象条件や道の状況、個人の体力や経験によって大きく変わりますので、あくまでも目安としてとらえ、余裕を持った登山計画を立ててください。

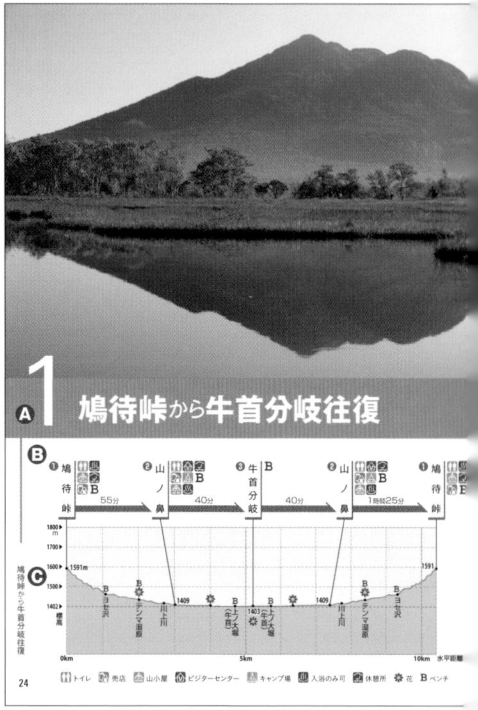

Ⓖ コース距離

コースの歩行距離を示しています。コースの斜面に沿った沿面距離を掲載しています。距離の目安としてご利用ください。

Ⓗ 標高差

コース中の最低所と最高所の標高差を示しています。一般に緩やかな山の場合、標高差300mは登り1時間に相当するとされます。

Ⓘ コース概念図

紹介コースを赤色で示しています（赤点線はショートコース）

●本書のデータは2021年３月現在のものです。
●各コースの標高差とコース距離の算出、および高低図の作成にあたって、DAN杉本さん作成の「カシミール3D」を利用させていただきました。
●ルートは、自然災害などによってコースが付け替えられたり、閉鎖されることがあります。必ず、事前に最新情報をご確認ください。
●山で見られる花を含めた動植物は、法令により採集が禁じられています。絶対に取らないでください。また、観察や写真撮影の際にも、自然環境を傷つけないよう、充分な配慮を心がけてください。
●施設などの休業日のデータには年末年始、ゴールデンウイーク、盆休み等を原則的に含みません。
●掲載施設の営業時間は、特記以外は原則として閉店(館)～閉店(館)です。オーダーストップや入店(館)時間は、通常は閉店(館)の30分～１時間前ですので、ご注意ください。

尾瀬ヶ原エリア 1
レベル 入門★ D
日程 日帰りまたは前夜泊日帰り E
コースタイム 3時間40分 F
コース距離 10.3km G
標高差 188m H
I
尾瀬ヶ原
牛首分岐
鳩待峠
富士見下
大清水
尾瀬沼山峠
尾瀬沼
PLAN J
群馬県側の尾瀬の玄関口である鳩待峠から、尾瀬ヶ原・牛首分岐を訪れる尾瀬の入門コース。首都圏を早朝に発てば、充分に日帰りが可能。鳩待峠からのコースは最短で尾瀬ヶ原を訪ねることができるだけに、人気の高いコースだ。鳩待峠から樹林を下って山ノ鼻に着けば、待望の湿原散策が待っている。湿原に延びる木道を歩いて、湿原植物や景観を満喫しよう。ゆっくり湿原散策を楽しむなら、前夜に登山口の鳩待山荘か、麓の片品村戸倉の旅館や民宿に泊まるプランにするとよい。
コース情報 K
ミズバショウは5月下旬から6月中旬、ニッコウキスゲは7月中旬から下旬、草紅葉は9月中旬から下旬が見頃だ。ただしミズバショウの頃や秋の週末、夏休みの前半（7月下旬～8月上旬）は混雑することが多い。
Map P22 L
ハンディMap C-4·5 M
「逆さ燧」を映す牛首付近の池塘
尾瀬ヶ原の入門コースを行く
鳩待峠 > 山ノ鼻
戸倉からのバスの終点・❶鳩待峠には山小屋、売店、公衆トイレが建ち、売店前にはベンチもある。身支度を整えて出発しよう。
尾瀬ヶ原の西の入口となる山ノ鼻へは、広い駐車場の北端にある「尾瀬国立公園」の看板横から樹林の中を下っていく。入口にはマットが敷いてあるが、これは植物の種子などを持ち込まないように、靴の汚れを落とすためのものだ。入下山者調査用センサーもあるが、ここでは右側を通っていこう。
ブナやダケカンバの樹林の道を、石畳、木の階段、木道の順に下っていく。やがて左手が開けてきて、頭上高く至仏山が、眼下には
鳩待峠は尾瀬の各方面に向かう玄関口で、いつも賑わう
鳩待峠から牛首分岐往復
25

コース地図／ハンディ登山地図

本書に掲載されている地図は、国土地理院発行の２万５千分の１地形図をもとに製作されています（承認番号は巻末に掲載されています）。縮尺は、２万５千分の１、または５万分の１（武尊山のみ７万分の１）となっています。各図の縮尺表示をご覧ください。

地図内の主要通過点名横に付けられた丸囲み数字（❶⓲）は、そこを通るコースナンバーを表しています。

また、本書には折り込みの「ハンディ登山地図」が付いています。ミシン目で切り取って、お使いください。凡例、注意事項などは図内に掲載されておりますので、そちらを必ずお読みなった上、お使いください。

●登山の際には、本書に加えて国土地理院発行の2万5000分の1地形図を携行されることをおすすめします。
●地図上の情報やルートは、発行後に変更・閉鎖される場合もありますので、ご注意ください。
●花の掲載位置は一帯を示すもので、開花位置を正確に表しているものではありません。また、花は年により開花期のずれや当たり外れがあるので、ビジターセンター等のHPで情報を入手しておきましょう。

❶ PLAN

コースの行程や歩き方などのプランニングを紹介しています。P14「コース選択のアドバイス」も合わせてご覧ください。

Ⓚ コース情報

コースを歩く適期や花の見頃、注意点を紹介しています。

Ⓛ 掲載地図ページ（尾瀬ガイド）

紹介コースの詳細な地図が掲載されているページ数です。

Ⓜ 標高と県名（尾瀬周辺の山のみ）

タイトルで示している山の頂上の標高です。コース最高点と異なる場合があります。また、その山の山頂が所在する県名も併せて表記しています。

地図記号の凡例

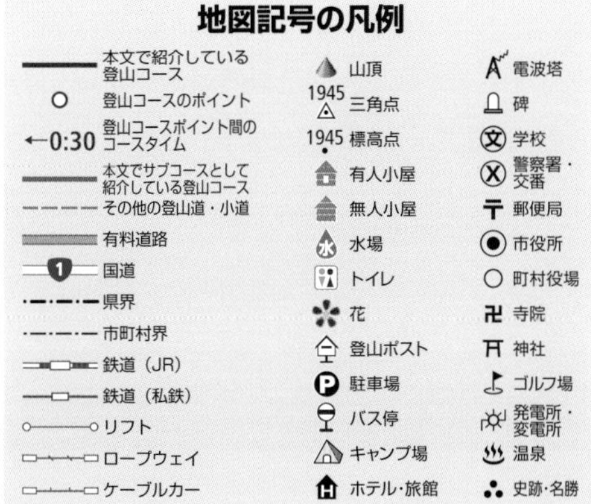

尾瀬の一年

● 雪解けの尾瀬ヶ原と残雪の至仏山（5月上旬）

● 中田代・下ノ大堀付近からの景鶴山と山腹（6月上旬）

GWには早くも尾瀬の山に向かう登山者が現われる。しかし、燧ヶ岳や至仏山には豊富な残雪があり、アイゼン必携の春山登山となる。尾瀬ヶ原の湿原も雪の下だ。雪は樹林帯で6月下旬、山は7月中旬まで残る。5月中旬になると湿原の雪解けが急速に進んで木道を歩くことができるようになる。下旬には初夏を呼ぶミズバショウやリュウキンカが咲き始める。

尾瀬植物研究見本園のワタスゲ群落（7月上旬）

6月に入ると尾瀬が一年で一番輝くミズバショウの最盛期を迎え、週末には各所の群落地で長蛇の列ができる。また山小屋が最も混み合う時期だ。山肌は柔らかな新緑に包まれ、池塘の水もぬるみ、下旬にはワタスゲ（果穂）が見頃となる。7月初旬には雨の降る日が多くなり、カキツバタがしっとり落ち着いた尾瀬を演出する。カエルの声が盛んだ。

八木沢道下部のブナ林の新緑（6月中旬）

六兵衛堀付近のミズバショウと燧ヶ岳（6月上旬）

竜宮十字路付近のリュウキンカ群落と至仏山（6月上旬）

盛夏

大江湿原のニッコウキスゲ群落と尾瀬沼（7月下旬）

登山者が集う至仏山山頂（8月上旬）

7月中旬から登山者は再び増え、特に学校が夏休みに入る下旬には2度目のピークを迎える。ニッコウキスゲの大群落がお目当てだ。青空のもと、黄色い花が湿原を埋める様は盛夏の尾瀬を象徴する。池塘には水生植物のオゼコウホネやヒツジグサが見られるようになる。燧ヶ岳、至仏山登山の最適期でもある。しかし、気温は上昇し暑い8月に突入する。

秋

● 至仏山中腹から見た紅葉と草紅葉の尾瀬ヶ原（10月中旬）

8月中旬には秋風が立ち、朝夕は気温が急速に下がってヒツジグサが色付き始める。9月に入ると早い年には中旬に霜が降り、湿原の草紅葉（キンコウカ）が一番鮮やかな時期となる。10月は尾瀬の紅葉最盛期となり、入山者数は3度目のピーク。草紅葉にシラカバの白やブナの黄がよく映えて湿原は色彩豊かだ。上空には絹雲がただよっている。

● ヒツジグサが紅葉した沼尻の池塘（9月下旬）

● 凍結した尾瀬沼を覆う新雪（12月上旬）

晩秋・初冬

10月下旬に広葉樹の葉が落ち、草紅葉は枯れ、湿原や山々はちょっと物悲しい色彩になる。そしてほとんどの山小屋が閉ざされる。11月にはいよいよ冬が到来。池塘には薄氷が張り、雪も降り出す。下旬になると尾瀬沼も凍り始め、12月には全面が結氷する。そして、翌年の4月まで、尾瀬は深い雪に閉ざされることとなる。

● 霜が降りた早朝の湿原（10月下旬）

自然の宝石箱

尾瀬の魅力

広義に尾瀬といえば福島、新潟、群馬、栃木の4県にまたがる、面積4万haの尾瀬国立公園全域を指す。しかし一般的には、尾瀬ヶ原の湿原と尾瀬沼、およびこれらを取り囲む2000m前後の山々をいう。

西側エリアの尾瀬ヶ原は、周囲を至仏山、景鶴山、燧ヶ岳、アヤメ平などの山々が囲む盆地で、標高約1400m、面積約750haの本州最大の湿地（湿原）帯だ。東西の距離は7kmにおよぶ。湿原内には1800個あまりの池塘がひしめき、ここに貴重な動植物が生息・生育する。一方、東エリアの尾瀬沼は、尾瀬ヶ原より約200m高い盆地の中にある燧ヶ岳の火山堰止湖で、周囲9kmの湖岸近くに大小の湿原を点在させている。

尾瀬ヶ原、尾瀬沼周辺ともに自然の希少性から国立公園特別保護地区、国の天然記念物、ラムサール条約湿地に指定されている。魅力あふれる自然が詰まった宝石箱のような尾瀬。ここではその代表的な魅力スポット紹介と、身近で安全に歩ける理由を説明する。

尾瀬の魅力スポット

〈尾瀬ヶ原エリア〉

上田代　東西方向にやや長い尾瀬ヶ原は、上ノ大堀や沼尻川の拠水林によって西から上田代・中田代・下田代に分けられる。上田代は西側の山ノ鼻から湿原が始まり、池塘をぬって進む。大小無数の池塘は清冽な水を満々とたたえ、オゼコウホネやヒツジグサなどの水草がアクセントとなって美しい。常に尾瀬ヶ原を前景にした燧ヶ岳が望める。

中田代　花の群落地が特に目立つ湿原で、牛首付近のワタスゲ、下ノ大堀のミズバショウやニッコウキスゲ、竜宮十字路付近のリュウキンカなどは花の密度が濃くかつ広い。また、これらの群落と下ノ大堀の流れを前景にした至仏山や、シラカバを取り入れた湿原は、尾瀬を代表する景観として親しまれ、周辺は大勢のカメラマンでいつも賑わっている。そして竜宮現象（池塘の水の出入り口）や白い虹など「湿原の不思議」が観察できる場所だ。

下田代　やや乾いたイメージのある湿地で、食虫植物のモウセンゴケがよく観察できる。また、水流のある六兵衛堀周辺では中田代と同じようにミズバショウやニッコウキスゲの群落も見られる。秋には、燧ヶ岳山麓や、湿原を囲む山々の紅葉がすばらしい。

尾瀬ヶ原は約8000年前、特殊な地形と気候の大変動によって泥炭が堆積し始め、現在の深い泥炭層の湿原が作り上げられた。しかし広い湿原は場所によって形状と水分量に違いが生じ、低層（水位が高い）、高層（水が少なく乾燥し、マウンド状に盛り上がる）、および中層の3パターンに分かれる。尾瀬ヶ原にはタイプの違う湿原が混在することになる。高層湿原は、湿原中央部に多く分布するが、観察するには中田代の木道上からが分かりやすい。ちなみに上田代では低層湿原の様子がよく観察できる。

このほかの湿原には、尾瀬中の植物が観察できる尾瀬植物研究見本園、燧ヶ岳山麓の赤田代、尾瀬ヶ原北辺のヨシッ堀田代などがあり、それぞれに特徴を持つ。

燧裏林道　燧ヶ岳の北麓に広がる亜高山帯の針葉樹林にも池塘を抱えた小湿原が連続する。特に上田代は傾斜湿原の特徴をよく表している。ここには燧裏林道が通じ、次々に現われる湿原観賞と静かでおだやかな森林遊歩ができる。

三条ノ滝・平滑ノ滝　尾瀬ヶ原北辺の只見川に懸かる三条ノ滝と平滑ノ滝は、周囲の山々から尾瀬ヶ原に流れ込む多量の雪解け水が落ち込む滝で、前者は豪快さ、後者は華麗さを持ち、尾瀬の水の躍動を強く感じさせてくれる名瀑である。尾瀬周辺は本州中央部の重要な水源地で、その水は日本海と太平洋の両方に流れ出て人々に供給している。

アヤメ平　尾瀬ヶ原の南側を区切る台地状のアヤメ平は、なだらかな稜線上に広大な湿原が広がり、明るく開放感にあふれている。武尊山や奥日光の山々の展望に優れ、燧ヶ岳や至仏山の迫力ある姿が望める。特に秋の草紅葉の時期に定評がある。

アヤメ平は昭和30～40年代には尾瀬で一、二を競う人気スポットだったが、湿原の踏み荒らしと、鳩待峠の開通により登山者は激減した。その後湿原の復元作業が行われ、現在はその美しさが戻りつつある。

〈尾瀬沼エリア〉

尾瀬沼　東エリアの中心で、霧が立ち込める湖面と水際のヨシとが幻想的な風景を作り、「神秘の沼」といわれる。湖岸近くに大江湿原、浅湖湿原、沼尻平を配し、重量感あふれる燧ヶ岳が屏風のように立ち上がっている。回遊路で美しい水辺と燧ヶ岳の雄姿が堪能できる。

大江湿原　沼の北側にある尾瀬沼の「前庭」的な湿原。新緑・紅葉時の景観に優れ、夏のニッコウキスゲ群落も見逃せない。植物観察地としても最適。湿原中央部から小淵沢田代に向かう道が分かれている。

〈尾瀬の山〉

至仏山　尾瀬ヶ原のシンボル的な存在として、日本百名山に選定されている。蛇紋岩の岩肌にオゼソウなどの貴少な高山植物が咲く山で、頂上直下の高天ヶ原や小至仏山直下も花の名所だ。しかし、高山植物保護のため、6月末まで登山禁止措置がとられ、山ノ鼻から頂上に至るコースは年間を通じて登り専用コースとなっている。

笠ヶ岳　「ミニ至仏」と称され、頂上付近は高山植物の宝庫だ。訪れる登山者が比較的少なく、静かな山として定評がある。直下の片藤沼には幻想的な風景が広がっている。

燧ヶ岳　尾瀬沼や尾瀬ヶ原生成時のキーパーソン的役割を演じた比較的新しい火山。日本百名山の1峰で東北の最高峰でもある。5つの頭峰からなる豪快かつ美しい山で、四方から登山道が通じている。主峰は俎嵓、最高峰は柴安嵓で、ともに360度の大展望が得られる。特に俎嵓からの尾瀬沼と、柴安嵓からの尾瀬ヶ原俯瞰はすばらしい。また、北側の山腹には広く美しい熊沢田代と広沢田代のふたつの湿原を抱えている。

皿伏山　皿を伏せたような形の山中に、幽玄な湿原を抱く。登る人は少ないが、隠れた尾瀬の名山だ。

鬼怒沼湿原　尾瀬沼の南東方向に位置し、標高2000mの高さにある大小無数の山上湿原が見もの。湿原とはいえハードな登山の領域となる。

〈その他の山〉

尾瀬の北東に会津駒ヶ岳と大博多山、東側には田代山と帝釈山がある。会津駒ヶ岳と田代山には山上湿原を有し、大博多山はブナの原生林が残る。

尾瀬への玄関口となる会津高原尾瀬口駅の西にあるのが七ヶ岳で、文字通り多くのピークを連ねる。

鬼怒沼の南方には日光連山の最高峰として君臨する日光白根山がそびえている。尾瀬の南西方向には大きな山体がよく目立つ武尊山と、玉原高原・鹿俣山がある。

会津駒ヶ岳、日光白根山、武尊山の3山が日本百名山、帝釈山は日本二百名山、田代山と七ヶ岳は日本三百名山に選定されている。

身近で安全性が高い尾瀬

〈アプローチ方法が多い〉

尾瀬は奥深い山域だが、新幹線や夜行電車・バス、マイカー、路線バスなど、各登山口（鳩待峠・富士見下・大清水、尾瀬御池・七入・尾瀬沼山峠）へ利用できる交通手段が豊富で首都圏から容易にアプローチできる。（P16「尾瀬へのアクセスガイド」参照）。また、コースや行動形態によって交通手段を変えることができるのも強みだ（P14「コース選択のアドバイス」参照）。

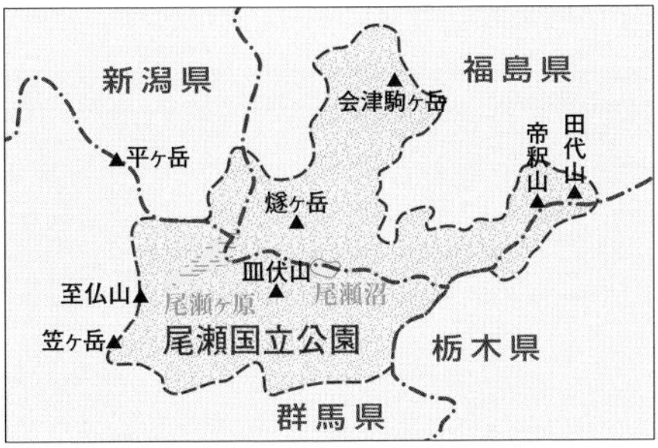

〈レベルや日程に対応できるコース数〉

尾瀬の登山道は多く、巡り方（コース選択）や季節を変えれば何度訪ねても飽きることはない。一般に山選びやコース決定は、個々の力量、目的、日程、季節、予算などの組み合わせによるが、尾瀬はその選択の幅がとても広いことが特徴のひとつでもある（P14「コース選択のアドバイス」参照）。

〈楽に歩けて安全〉

木道　尾瀬の湿原内はほとんど平坦で、かつ木道が敷かれていることから、通常の山道より負担が少ない（傾斜がないので脚の筋肉や背筋の疲労が少ない。ただし各登山口から尾瀬の盆地状地点までは傾斜があって登り下りする。また、木道は濡れていると大変滑りやすい）。体力のない幼児や高齢者でも安全に歩くことができる。また、一定の歩行速度が保たれることから、ほぼ計画通りの時間でコースがたどれる。

指導標　分岐点やポイントには必ず指導標が設置されていて、道に迷うことはない。表記地名の下には距離がていねいに記載され、確かな目安となる。ただし、見過ごしたり誤読したりしないよう確認したい。また、古い指導標は劣化によって向きが変わっていることもあるので注意したい。

ベンチ・休憩所　山中の好展望地には必ずベンチがあり、休憩場所に苦労することはない。ただし、長居したり占有したりしないようにしたい。各方面からの道が合流する要衝などにはトイレや売店のある無料休憩所が設けられている（山ノ鼻、赤田代、見晴、沼尻、尾瀬沼東岸、三平下など）。

山小屋　山小屋は各所にあり、宿泊することで余裕のある日程が組める（P148「山小屋に泊まってみよう」参照）。宿泊以外にも、売店や食事のみの利用もできる。また、山小屋によっては携帯電話が通じないので、緊急時には山小屋の電話を利用する。ただし、至仏山や燧ヶ岳の登山道にはこのような施設はなく、一般の登山と同様の準備と心構えが必要だ。

ビジターセンター　尾瀬沼東岸と山ノ鼻にはビジターセンターがあり、観察や散策、登山のための資料提供や広報活動がなされているので、大いに利用したい。

コース選択のアドバイス

世界的に貴重な大湿原と、名山がひしめく尾瀬はどこも魅力であふれている。首都圏から適度な距離にあることも多くの人々が足を向ける理由のひとつで、大変優れた山域であるといえる。本書ガイドでは**「尾瀬ヶ原エリア」**、**「尾瀬沼エリア」**、**「尾瀬の山」**を尾瀬域内とし、尾瀬外縁部の山を**「尾瀬周辺の山」**として紹介した。

尾瀬内のガイドコースは、6つの登山口から各所の魅力スポット(P12参照)をつなぐ、17本の本コースと4本のショートコースで構成している。

ここでは、これから尾瀬に向かおうとする人が、どのコースを選択すればよいかをわかりやすくするため、6つのパターンに仕分けている。また、各コースは首都圏起点で以下のように日程を組んだ。

- **日帰り**：早朝発、当日帰宅
- **前夜発日帰り**：前日夜行（バス・電車）発、早朝登山口着、当日帰宅
- **前夜泊日帰り**：前日登山口付近泊、早朝登山口着、当日帰宅
- **1泊2日**：早朝発、当日山小屋泊、翌日帰宅
- **前夜発1泊2日**：前日夜行（バス・電車）発、早朝登山口着、当日山小屋泊、翌日帰宅
- **前夜泊1泊2日**：前日登山口付近泊、早朝登山口着、当日山小屋泊、翌日帰宅

コースパターン

△=日帰り　▲=1泊2日
発△=前夜発日帰り　発▲=前夜発1泊2日
泊△=前夜泊日帰り　泊▲=前夜泊1泊2日　※sc=ショートコース

●ちょっと尾瀬に触れるコース

コース	日程	頁	レベル
1　鳩待峠から牛首分岐往復	△	24	★
7　山ノ鼻と見本園	△	45	−
9　沼山峠から尾瀬沼東岸往復	△	54	★
11　sc 大江湿原から小淵沢田代	−	62	−

あまり時間をかけずに尾瀬を訪ねたい。尾瀬の湿原の広さを実感したい。ミズバショウやニッコウキスゲの群落が見たい。木道を少し歩きたい。など、ちょっと尾瀬に触れたい場合に向く。**1「鳩待峠から牛首分岐往復」**、**9「沼山峠から尾瀬沼東岸往復」**が日帰りに適しているが、後者はアクセスが長いので前夜泊でもよい。また、滞在設定の**7「山ノ鼻と見本園」**を日帰りにしてもよいし、逆に9に**11「大江湿原から小淵沢田代」**を加え、コースを充実させるのもよい。

●滞在型のコース

コース	日程	頁	レベル
7　山ノ鼻と見本園	▲	45	−
14　尾瀬沼東岸	▲	68	−
8　見晴と三条ノ滝	▲	48	−

日程に余裕があり、かつあまり歩かずにリゾート感覚でゆったりしたい人は、尾瀬内の重要な基地（山ノ鼻、見晴、尾瀬沼東岸の3カ所）に滞在する**7「山ノ鼻と見本園」**および**14「尾瀬沼東岸」**が向く。**8「見晴と三条ノ滝」**も同様だが、三条ノ滝がやや負担だという場合は割愛してもよいし、2泊して歩いてもよい。

●積極的ウォークのコース

コース	日程	頁	レベル
2　鳩待峠から尾瀬ヶ原回遊	▲	28	★★
3　sc 竜宮十字路からヨッピ吊橋	−	33	−
10　沼山峠から尾瀬沼一周	泊△	58	★★
12　sc 沼山峠から七入へ下る	−	63	−
6　御池から燧裏林道	泊▲	40	★★★
13　尾瀬沼から尾瀬ヶ原横断	発▲	64	★★

距離はあっても多くのスポットを巡り、充実したウォーキングにしたい場合に向く。1泊2日設定の**2「鳩待峠から尾瀬ヶ原回遊」**は、尾瀬ヶ原の中央部を横断しさらに北辺を回遊。変化のある湿原の魅力が味わえるゴールデンルートだ。コースを短縮したい場合は**3「竜宮十字路からヨッピ吊橋」**を利用する。**10「沼山峠から尾瀬沼一周」**は神秘の尾瀬沼を回る前夜泊コースだが、健脚者なら日帰りも可能。尾瀬沼東岸に1泊し、下山に**12「沼山峠から七入へ下る」**をとるのもおすすめ。**6「御池から燧裏林道」**は20kmを超すロングラン。**19「燧ヶ岳と至仏山に登る」**で見晴に向かい、6の逆コースで御池に戻るのも面白い。**13「尾瀬沼から尾瀬ヶ原横断」**は東から西へ、尾瀬沼と尾瀬ヶ原の両エリアを完走。本書ガイド中の最長コースで、充実感や達成感が味わえる。

●稜線歩き・山登りコース

コース	日程	頁	レベル
4　鳩待峠からアヤメ平	発△	34	★★
5　sc 富士見峠から見晴	−	39	−
15　鳩待峠から至仏山往復	泊△	72	★★★
16　鳩待峠から笠ヶ岳	泊△	76	★★★
17　御池から燧ヶ岳往復	泊△	80	★★★
18　尾瀬沼から燧ヶ岳	▲	84	★★★★
19　燧ヶ岳と至仏山に登る	泊▲	88	★★★★
20　大清水から皿伏山	▲	92	★★★
21　大清水から鬼怒沼湿原	発△	96	★★★★

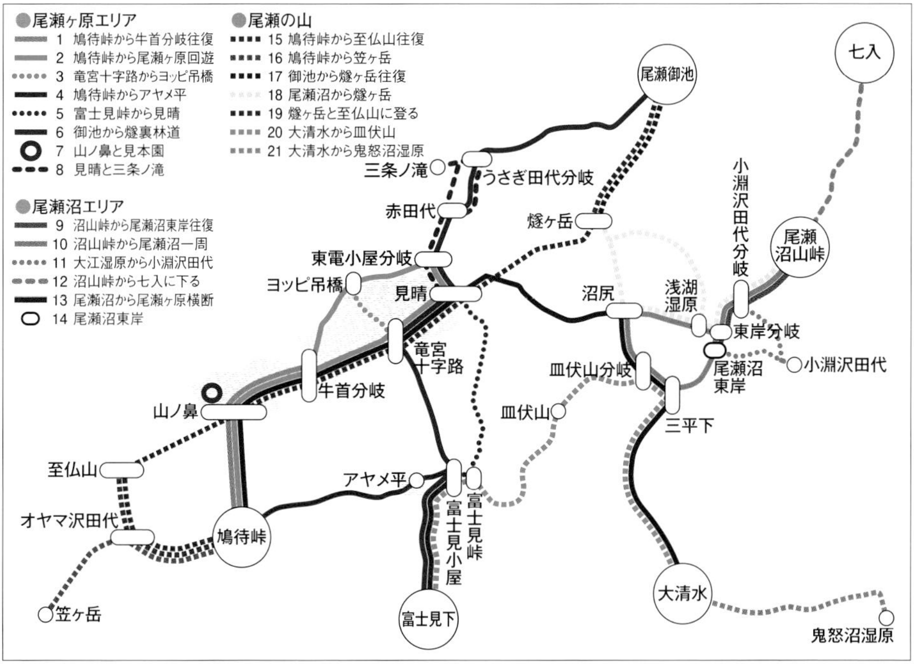

尾瀬ヶ原と尾瀬沼を囲む高みへ登り、山上湿原や大展望、高山植物を楽しみたい、という目的のコースだ。

4**「鳩待峠からアヤメ平」**は山ではないが、標高差が650mある登山的な稜線歩き。下山に富士見下に向かわず、5**「富士見峠から見晴」**で尾瀬ヶ原に入り、鳩待峠へ向かうのもよい。ただし尾瀬ヶ原内で1泊が必要。

高山植物の宝庫といわれる至仏山への前夜泊の日帰り登山に**15「鳩待峠から至仏山往復」**がある。短い時間で尾瀬ヶ原のシンボルに到達できる。「ミニ至仏山」といわれる**16「鳩待峠から笠ヶ岳」**も同様だ。

燧ヶ岳登山は**17「御池から燧ヶ岳往復」**、**18「尾瀬沼から燧ヶ岳」**、**19「燧ヶ岳と至仏山に登る」**の3本がある。**17**は北側から山中の湿原を経て、頂上を目指す。登り始めと頂上直下こそ急斜面だが、それ以外は木道が続く歩きやすい登山道だ。**18**は登りに湿原歩きと谷状のナデッ窪、下りに長英新道の尾根という変化に富むルート。尾瀬沼東岸の山小屋から早朝出発するので余裕を持って大展望の頂上に立てる。ただし歩きづらい谷の急登があるので、**17**よりグレードは上がる。**19**は尾瀬の名山2峰と尾瀬ヶ原をまとめて歩き通す健脚者向きだ。燧ヶ岳頂上で至仏山と尾瀬ヶ原を、至仏山では逆に登ってきた燧ヶ岳を望む。また高天ヶ原付近から眺める朝霧の尾瀬ヶ原は水墨画のようだ。

20「大清水から皿伏山」は距離が長く、尾瀬沼畔の三平下泊となる。**21「大清水から鬼怒沼湿原」**は標高差が大きく、歩行時間も長い。

●尾瀬周辺の山に登る

コース	日程	頁	レベル
22 会津駒ヶ岳	泊△	100	★★★★
23 田代山・帝釈山	泊△	104	★★★
24 七ヶ岳	△	108	★★★
25 大博多山	泊△	112	★★
26 日光白根山	△	116	★★
27 武尊山	泊△	120	★★★★
28 玉原高原・鹿俣山	△	124	★★

日帰りコースでは、ロープウェイが利用できて登りやすい**26「日光白根山」**がある。福島県側の**22「会津駒ヶ岳」**、**23「田代山・帝釈山」**、**25「大博多山」**は都心から距離があるだけに、前泊して登りたい。日本三百名山の**24「七ヶ岳」**と**28「玉原高原・鹿俣山」**は半日のハイキングコース。**27「武尊山」**は鎖場のある上級者向けのコースをたどる。

●尾瀬散策と温泉を合わせる

コース	日程	頁	レベル
1 鳩待峠から牛首分岐往復	△	24	★
2 鳩待峠から尾瀬ヶ原回遊	▲	28	★★
9 沼山峠から尾瀬沼東岸往復	△	54	★
15 鳩待峠から至仏山往復	泊△	72	★★★

尾瀬散策後に、周辺の温泉も楽しむ場合には歩行時間の少ない上記のようなコースを選ぶ。群馬県側下山は片品村や水上、沼田周辺の温泉を、福島県側下山は、檜枝岐村や会津高原の温泉を利用する。

尾瀬へのアクセスガイド

尾瀬へは福島、群馬、新潟の３県からアプローチする。
主に尾瀬ヶ原、至仏山へは群馬県側、尾瀬沼、燧ヶ岳は福島県側からの入山となる。

公共交通

野岩鉄道会津高原尾瀬口駅、JR上越線沼田駅などが起点。大半の登山口へバス便があるので、アクセスに困ることはない。

■福島県側

【七入／御池へ】 浅草駅から東武伊勢崎線・日光線・鬼怒川線、野岩鉄道会津鬼怒川線で会津高原尾瀬口駅へ。浅草駅から会津高原尾瀬口駅へは直通の特急「リバティ会津」が1日4本運行されている。会津高原尾瀬口駅から会津バスに乗車し、七入や尾瀬御池で下車。

また、6～10月の金・土曜夜には、浅草駅23時55分発の「尾瀬夜行23:55号」が運行（会津高原尾瀬口駅着3時18分、御池・沼山峠行き会津バスに接続）。

【沼山峠へ】 上記の会津高原尾瀬口駅から会津バスに乗車し、尾瀬沼山峠で下車。

■群馬県側

【鳩待峠へ】 上野駅からJR高崎線・上越線で沼田駅へ（高崎駅乗り換え）。または東京駅からJR上越新幹線で上毛高原駅へ。両駅から関越交通バスに乗車し、鳩待峠行バス連絡所で関越交通バスか乗合タクシーに乗り、鳩待峠で下車。または新宿駅（バスタ新宿）から関越交通運行の高速バス（5月中旬～10月中旬運行）に乗車して尾瀬戸倉下車、鳩待峠行きの関越交通バスか乗合タクシーに乗り換えて鳩待峠へ。

【大清水へ】 上記の沼田駅、上毛高原駅から関越交通バスに乗車し、大清水で下車。または新宿駅（バスタ新宿）から関越交通運行の高速バス（5月下旬～10月中旬運行）に乗車し、大清水で下車。シーズン中は大清水～一ノ瀬間に低公害バス運行。

【富士見下へ】 上記の沼田駅、上毛高原駅から関越交通バスに乗車し、鳩待峠行バス連絡所でタクシーに乗り換える。

■新潟県側

【御池／沼山峠へ】 東京駅からJR上越新幹線で浦佐駅へ。南越後観光バスで奥只見ダムへ。バス停から徒歩5分の奥只見船着場から奥只見観光の船（要予約）で尾瀬口船着場へ向かい、魚沼市観光協会の予約制バス（会津バス運行）で各バス停へ。

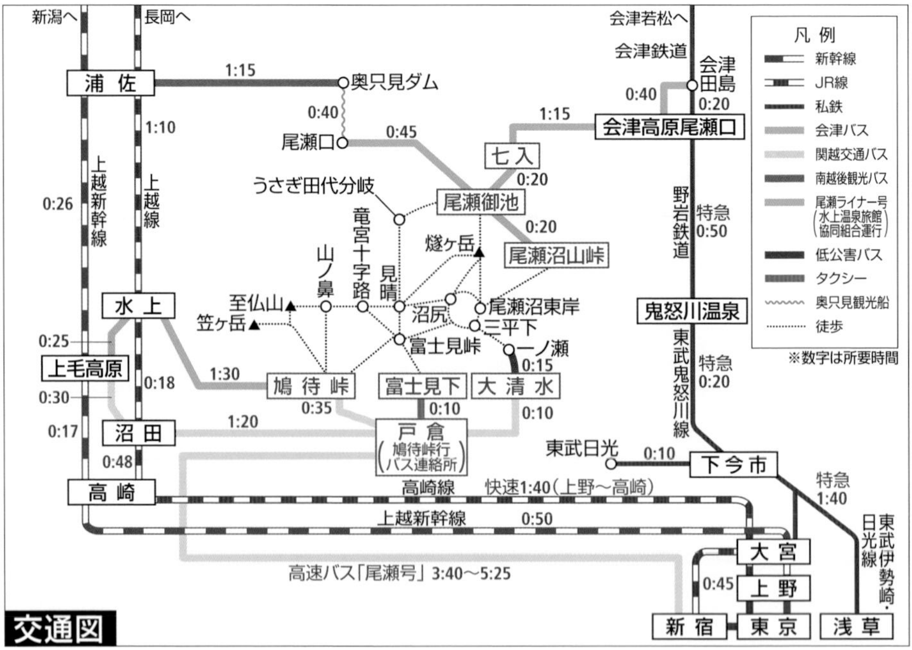

マイカー

東北道西那須野塩原IC、関越道沼田IC、小出ICからアプローチする。各登山口に駐車場があるが、マイカー規制が敷かれているところも。

■福島県側

【七入／御池へ】東北自動車道・西那須野塩原ICで下車。国道400号を走行し日光市上三依へ。右折して国道121号に入り、山王トンネルを抜けて、南会津町早坂で左折して国道352号に入る。このまま国道352号を進み、約32km先の南会津町内川で左折、さらに国道352号を進むと七入、さらに7km先が御池だ。

【沼山峠へ】沼山峠への県道1号は通年マイカー規制が敷かれているので、上記の御池に車を停め、会津バスかシャトルバスに乗り換える。

■群馬県側

【戸倉へ】関越自動車道・沼田ICで下車。ICを左折し国道120号を進む。片品村鎌田で左折して国道401号に入り、道なりに進んで戸倉大橋を渡るとまもなく戸倉に着く。鳩待峠へのマイカー規制時（本ページ囲み参照）はここの駐車場に車を停め、関越交通バスか乗合タクシーに乗り換えて鳩待峠へ。

【鳩待峠へ】沼田IC～戸倉間は上記を参照。戸倉で県道63号に入り、約8km先の津奈木橋を右折、県道260号を登っていくと鳩待峠に着く。

【大清水へ】沼田IC～戸倉間は上記を参照。戸倉から国道401号を約9km進むと大清水に着く。

【富士見下へ】沼田IC～戸倉間は上記を参照。国道401号を左折して県道63号に入り、1.2km先にある分岐を右折、スノーパーク尾瀬戸倉の横を抜け、狭い道を進むと富士見下に着く。

■新潟県側

【御池へ】関越自動車道・小出ICで下車、国道291号、県道70号で魚沼市吉田へ。右折して国道352号に入る。折立で奥只見シルバーラインに入り、白光岩トンネル内の分岐を右折。突き当たりを左折して再度国道352号に入り、奥只見湖沿いの屈曲路を走る。尾瀬口から只見川沿いに南下し、さらにカーブと急勾配の道を進むと御池に着く。

尾瀬のマイカー規制

環境保護等の観点から、福島県側の御池～沼山峠間（9.6km）と、群馬県側の津奈木～鳩待峠間（3.5km）でマイカー規制が行われている。期間は前者が通年、後者は5月下旬～10月上旬（8月上旬～9月中旬は週末中心）の約115日間。

期間中は福島県側は御池、群馬県側は戸倉に駐車し、路線バスかシャトルバス、タクシー（鳩待峠側のみ）を利用する。

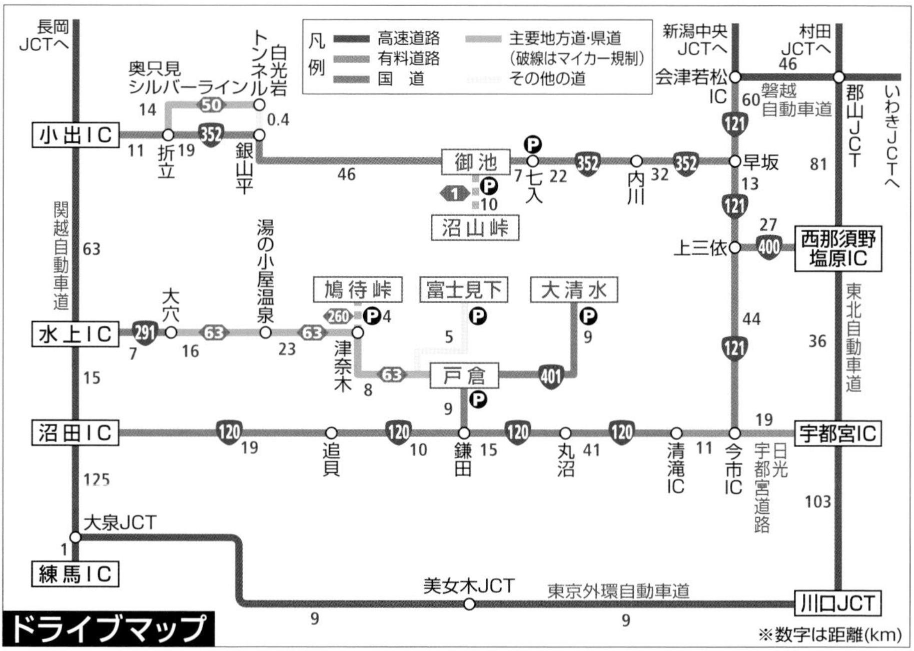

尾瀬の登山口ガイド

尾瀬への主な登山口は、ここで紹介する7カ所。登山口によっては売店や食事のできる施設もあるので、ドライブの休憩に立ち寄るのも楽しい。

福島県側

七入 なないり／御池 みいけ

福島県檜枝岐村
標高 約1500m（御池）

駐車場DATA
御池駐車場【400台】 1回1000円
※尾瀬檜枝岐温泉観光協会加盟の施設に宿泊した際の無料特典は廃止

御池は燧裏林道や燧ヶ岳への登山口、そして沼山峠へのシャトルバスが発着する、福島県側の尾瀬への登山拠点。バス停や広い駐車場のほか、宿泊施設の尾瀬御池ロッジや売店・食堂が入った「山の駅御池」などの施設がある。御池の駐車場が満車の場合は、檜枝岐側約7km手前にある七入駐車場（880台・無料）に駐車して、路線バスかシャトルバスで御池や沼山峠に向かう。バスで七入へ向かう場合、会津高原尾瀬口駅から会津バス約1時間15分・1980円。

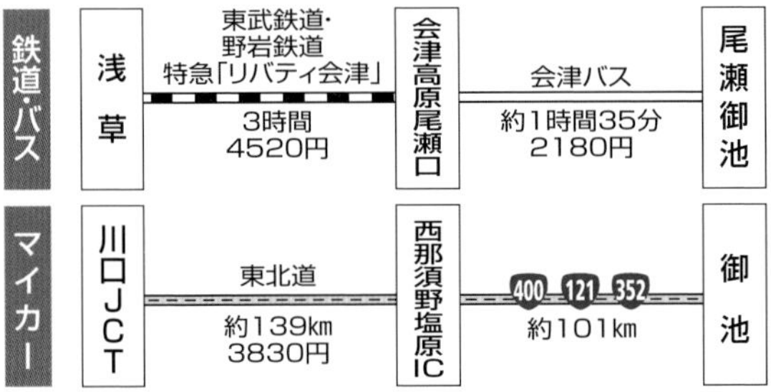

沼山峠へのシャトルバスは30～40分間隔の運行。2019年からEV（電気）バスも導入

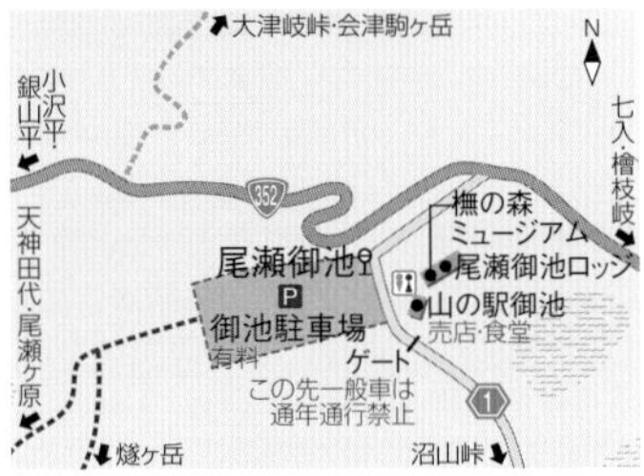

福島県側

沼山峠 ぬまやまとうげ

福島県檜枝岐村
標高 約1700m

駐車場DATA
なし（通年マイカー規制）

尾瀬沼に一番近い登山口だけに、ミズバショウやニッコウキスゲの最盛期には多くのハイカーで賑わう。バス停や売店の「山の駅沼山峠」、公衆トイレがある。御池～沼山峠間の福島県道1号は通年マイカー規制が敷かれているので、上記の御池（満車時は七入駐車場）に車を停め、路線バスかシャトルバスに乗り換える。シャトルバスは御池始発が5時30分（10月中旬以降は6時30分）、沼山峠発の最終が17時10分（2021年度未定）。

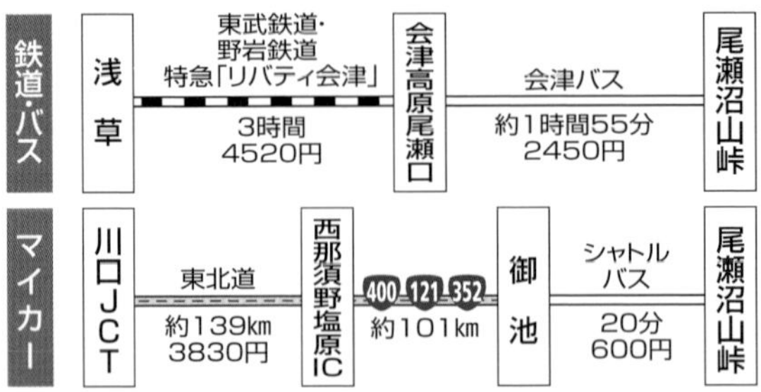

山の駅沼山峠。飲み物やパン、尾瀬のお土産品などが購入できる

※交通図内の新幹線の運賃は通常期の特急料金で算出。高速道路の料金は普通車の通常料金です。

群馬県側

戸倉 とくら

群馬県片品村
標高 約990m

戸倉は片品村中心部の鎌田の９km北側にあり、群馬県側の尾瀬への登山口である鳩待峠（P19）、富士見下（P20）へのバスが発着する。JR上越線沼田駅、上越新幹線上毛高原駅からバスに乗車して鳩待峠や富士見下へ向かう場合は、戸倉バス停のひとつ先の鳩待峠行バス連絡所バス停で乗り換える。鳩待峠のマイカー規制期間中は、戸倉十字路を右折した先にある尾瀬第一駐車場か、県道63号沿いの尾瀬第二駐車場に車を停め、路線バスか乗合タクシー（ともに1000円）に乗り換えることになる。

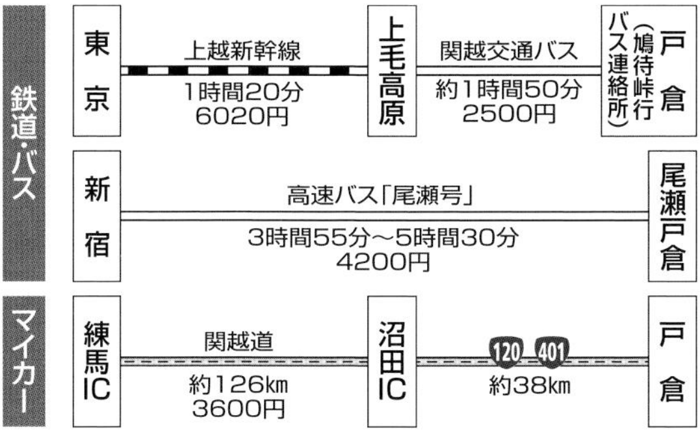

駐車場DATA
尾瀬第一駐車場【280台】1日1000円
尾瀬第二駐車場【250台】1日1000円
スノーパーク尾瀬戸倉【500台】1日4000円
※スノーパーク尾瀬戸倉は大型バス・マイクロバス専用

群馬県側

鳩待峠 はとまちとうげ

群馬県片品村
標高1591m

東京から最も近い尾瀬への入山口だけに、過半数以上のハイカーがここから入山する。山小屋1軒と売店や食堂の入った休憩所などがある。休憩所は始発（鳩待峠5時20分着）のバスに合わせて開くので、朝食をとってから散策や登山に向かうとよいだろう。なお、混雑や環境への負荷軽減のため、例年5月下旬〜10月中旬の約115日間（8月上旬〜9月中旬までの日曜正午〜金曜17時は適用外）はマイカー規制が敷かれ、規制期間中は上記の戸倉に車を停め、路線バスか乗合タクシーを利用する。

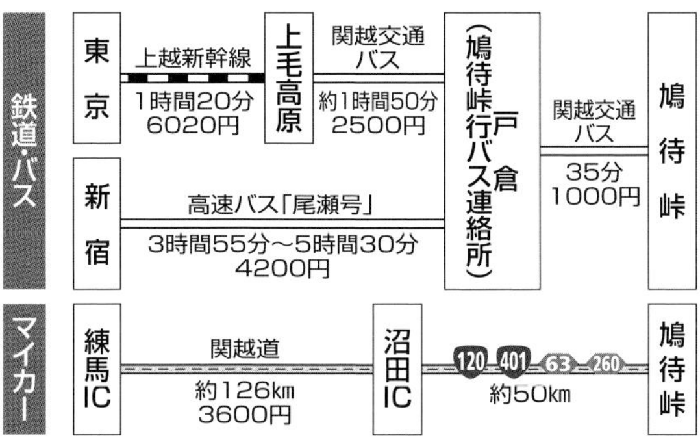

駐車場DATA
鳩待峠駐車場【50台】 1日2500円
※東京パワーテクノロジー経営の山小屋（鳩待山荘、至仏山荘、東電小屋、元湯山荘、尾瀬沼山荘）に宿泊した場合、2日目以降の駐車料金が1000円割引となる。

鳩待峠のバス停。路線バスは5月下旬〜11月上旬の運行

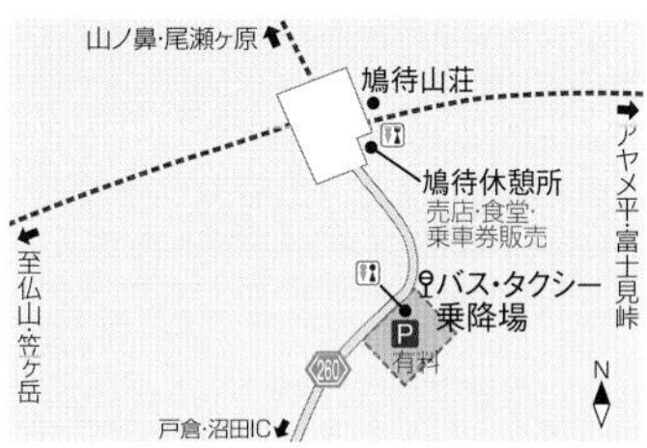

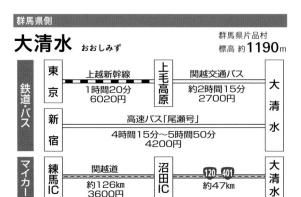

群馬県側

大清水 おおしみず

群馬県片品村
標高 約**1190**m

鉄道・バス
- 東京 ―上越新幹線 1時間20分 6020円― 上毛高原 ―関越交通バス 約2時間15分 2700円― 大清水
- 新宿 ―高速バス「尾瀬号」 4時間15分～5時間50分 4200円― 大清水

マイカー
- 練馬IC ―関越道 約126km 3600円― 沼田IC ―120・401 約47km― 大清水

駐車場DATA
大清水駐車場【100台】1回500円

大清水は群馬県側の尾瀬沼への拠点で、上毛高原駅、沼田駅からの路線バス（4月下旬～11月上旬）や新宿駅から高速バス（5月下旬～10月中旬）が運行。売店と食堂を兼ねた山小屋と休憩所がある。大清水発のバスの最終は路線バスが15時50分、新宿駅行き高速バスが15時10分。大清水から一ノ瀬間（約3km）は6月下旬～10月中旬に低公害バスが運行され（約15分・700円）、利用すれば尾瀬沼への歩行時間が40分強短縮できる。

群馬県側

富士見下 ふじみした

群馬県片品村
標高 約**1320**m

鉄道・バス
- 東京 ―上越新幹線 1時間20分 6020円― 上毛高原 ―関越交通バス 約1時間50分 2500円― バス連絡所（鳩待峠行）戸倉 ―タクシー 10分 約3000円― 富士見下

マイカー
- 練馬IC ―関越道 約126km 3600円― 沼田IC ―120・401・63 約43km― 富士見下

駐車場DATA
富士見下駐車場【約30台】無料

富士見峠やアヤメ平への入口となる富士見下は、かつての尾瀬へのメイン登山口だった。戸倉からのバスは2015年限りで廃止され、戸倉からタクシー利用（予約が確実）となった。駐車場へのアクセス路となる片品村道は道幅が狭いので、運転に注意。売店はなく、公衆トイレと水場のみ。

新潟県側

御池 みいけ

福島県檜枝岐村
標高 約**1500**m

鉄道・バス
- 東京 ―上越新幹線 1時間30分 8340円― 浦佐 ―南越後観光バス 約1時間20分 1500円― 奥只見ダム ―奥只見観光 40分 1270円― 尾瀬口 ―魚沼市観光協会（会津バス） 45分 1320円― 御池

マイカー
- 練馬IC ―関越道 約204km 5540円― 小出IC ―291・70・50・352 約72km― 御池

駐車場DATA
御池駐車場【400台】1回1000円

燧ヶ岳登山口の御池へは、福島県側（P18参照）のほか、新潟県側からもアクセスできる。奥只見湖遊覧船と御池へのバス（6月1日～10月15日運行・2021年の運行日未定）は、乗車の3日前までに予約をしておく必要がある。銀山平から御池へ向かう国道352号は道が狭くカーブも多いので、運転には注意したい。

交通関係・登山コース 問合せ先一覧

【公共交通機関】
会津乗合自動車（会津バス） ☎0241-62-0134
会津交通（タクシー・南会津町舘岩） ☎0241-78-2017
関越交通バス ☎0278-23-1111
尾瀬高速バス予約センター ☎0120-53-0215
尾瀬観光タクシー（片品村） ☎0278-58-3152
南越後観光バス ☎025-792-8114
奥只見観光（奥只見湖遊覧船） ☎025-795-2242
魚沼市観光協会（尾瀬口～御池間バス予約）
☎025-792-7300
水上温泉旅館協同組合（尾瀬ライナー号）
☎0278-72-2611

【マイカー関連】
尾瀬御池ロッジ（御池／七入駐車場）
☎090-7064-4184
尾瀬戸倉観光協会（尾瀬第一／第二駐車場）
☎0278-58-7263
東京パワーテクノロジー（鳩待峠／大清水／富士見下駐車場）
☎0278-58-7311
片品村むらづくり観光課（鳩待峠マイカー規制）
☎0278-58-2112

【登山コース関連】
片品村むらづくり観光課 ☎0278-58-2112
檜枝岐村観光課 ☎0241-75-2503

尾瀬ヶ原エリア

尾瀬ヶ原・中田代から牛首方面を見る。
バックは至仏山

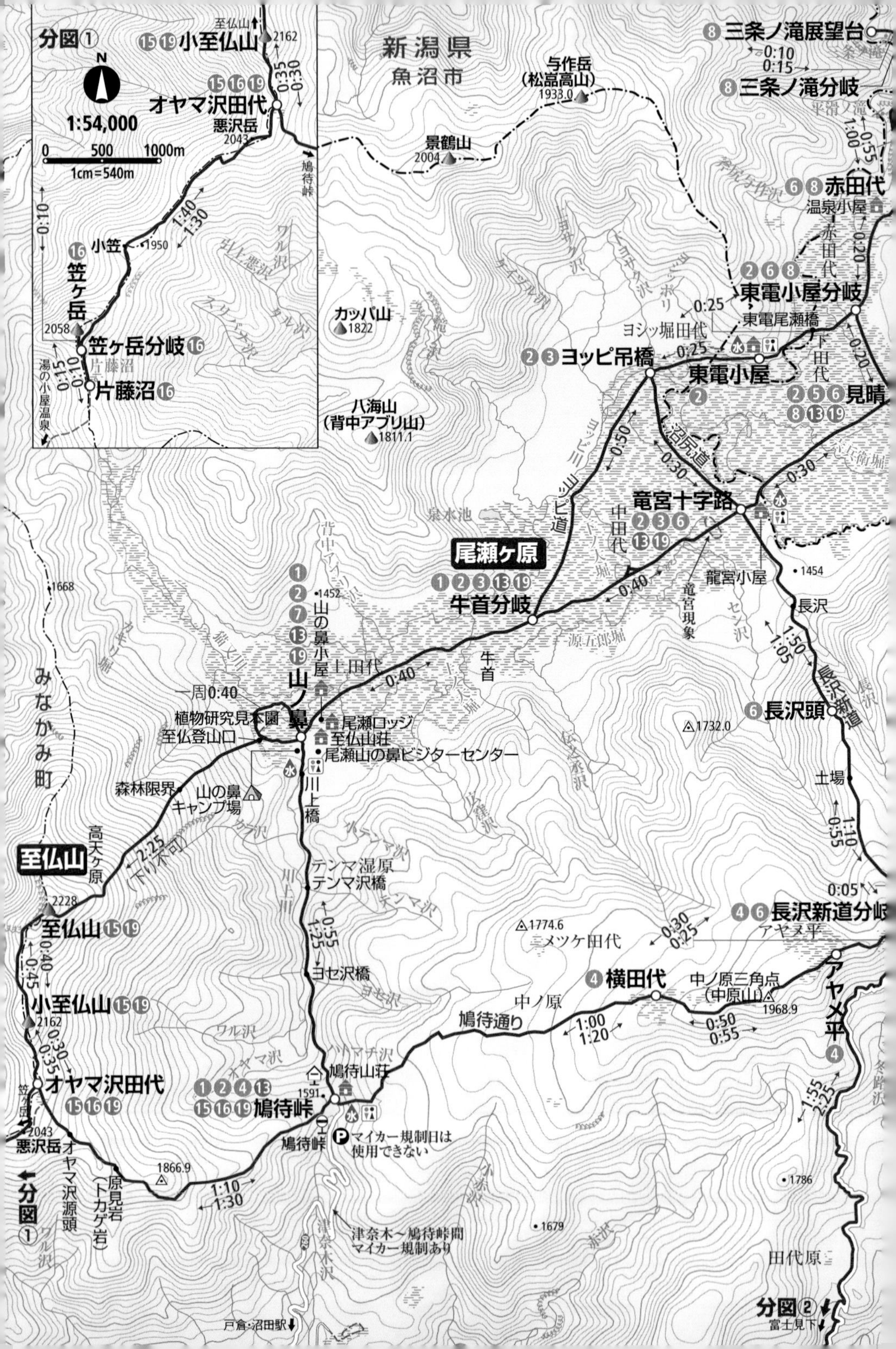

分図①
1:54,000
0 500 1000m
1cm=540m
至仏山
小至仏山
2162
オヤマ沢田代
悪沢岳
2043
鳩待峠
小笠
1950
笠ヶ岳
2058
笠ヶ岳分岐
片藤沼
湯の小屋温泉
引上悪沢
ワル沢
新潟県
魚沼市
与作岳
(松嵓高山)
1933.0
景鶴山
2004
カッパ山
1822
八海山
(背中アブリ山)
1811.1
三条ノ滝展望台
三条ノ滝分岐
平滑ノ滝
赤田代
温泉小屋
東電小屋分岐
東電尾瀬橋
ヨシッ堀田代
ヨッピ吊橋
東電小屋
見晴
沼尻道
ヨッピ道
竜宮十字路
龍宮小屋
竜宮現象
中田代
泉水池
尾瀬ヶ原
牛首分岐
牛首
上田代
1452
山の鼻小屋
山ノ鼻
一周0:40
植物研究見本園
至仏登山口
尾瀬ロッジ
至仏山荘
尾瀬山の鼻ビジターセンター
川上橋
森林限界
山の鼻キャンプ場
高天ヶ原
(下り不可)
2228
至仏山
小至仏山
2162
オヤマ沢田代
悪沢岳
2043
オヤマ沢源頭
原見岩
(トカゲ岩)
1866.9
←分図①
テンマ湿原
テンマ沢橋
ヨセ沢橋
鳩待山荘
鳩待峠
1591
マイカー規制日は使用できない
津奈木～鳩待峠間
マイカー規制あり
津奈木沢
戸倉・沼田駅
1679
鳩待通り
中ノ原
横田代
中ノ原三角点
(中原山)
1968.9
メツケ田代
1774.6
長沢新道分岐
アヤメ平
長沢頭
1732.0
長沢新道
長沢
1454
土場
源五郎堀
センノ沢
1786
田代原
分図②
富士見下
みなかみ町
1668

↑うさぎ田代分岐・御池
↑P52-53
1986・↑御池
御池・会津高原尾瀬口駅↑
1:50,000
0 500 1000m
1cm=500m
等高線は20mごと
熊沢田代
東ノ田代
福島県
檜枝岐村
燧ヶ岳
柴安嵓
俎嵓
2356
2346.2
原見岩
ナデッ窪分岐
御池岳
ミノブチ岳
2249
赤ナグレ岳
荒れた急な道。
登山初級者は長英新道へ
ナデッ窪道
長英(燧)新道
長池
段吉新道
大ソリ沢
小ソリ沢
元湯山荘
赤ナグレ沢
1537
尾瀬小屋/
第二長蔵小屋
見晴新道
ぬかるみ多い
燧ヶ岳分岐
ヌマガマリ沢
段小屋坂
見晴キャンプ場
弥四郎小屋/燧小屋/
原の小屋/桧枝岐小屋
ダンゴヤ沢
1824.6
沼尻
沼尻平
沼尻休憩所
小沼湿原
白砂湿原
白砂峠
1638
オンダシ沢
浅湖湿原
北岸道
三本カラマツ
尾瀬沼
長蔵小屋
尾瀬沼ビジターセンター
尾瀬沼東岸
東岸分岐
尾瀬沼キャンプ場
尾瀬沼ヒュッテ
ヤナギランの丘
1801
1663
小淵沢田代分岐
大江湿原
尾瀬沼山峠
沼山峠展望台
沼山峠
七入
黒岩山・鬼怒沼湿原
小淵沢田代
タソガレ田代
治右衛門池
皿伏山分岐
ルート注意
南岸道
八木沢道
八木沢橋
群馬県
片品村
大清水平
大量の倒木でルート不明瞭
尾瀬沼山荘
三平下
三平峠
1932.4
檜高山
皿伏山
1917.0
昼場
八木沢
フトコロ田代
三平見晴台
冬路沢
岩清水
1885.0
富士見小屋(休業中)
十二曲がり
1905
センノ沢田代
1821
富士見峠
三平橋
一ノ瀬
沼田街道
電波塔
2003
白尾山
大清水~一ノ瀬間
低公害バス運行
1420
奥鬼怒スーパー林道
一般車両通行止め
→P98
1461
分図②
↑富士見小屋
田代原
硫黄沢
富士見下
↓戸倉・沼田駅
沖ブドウ沢
中ブドウ沢
大清水
大清水小屋
物見小屋(休業中)
大清水湿原
戸倉・沼田駅
鬼怒沼湿原

1 鳩待峠から牛首分岐往復

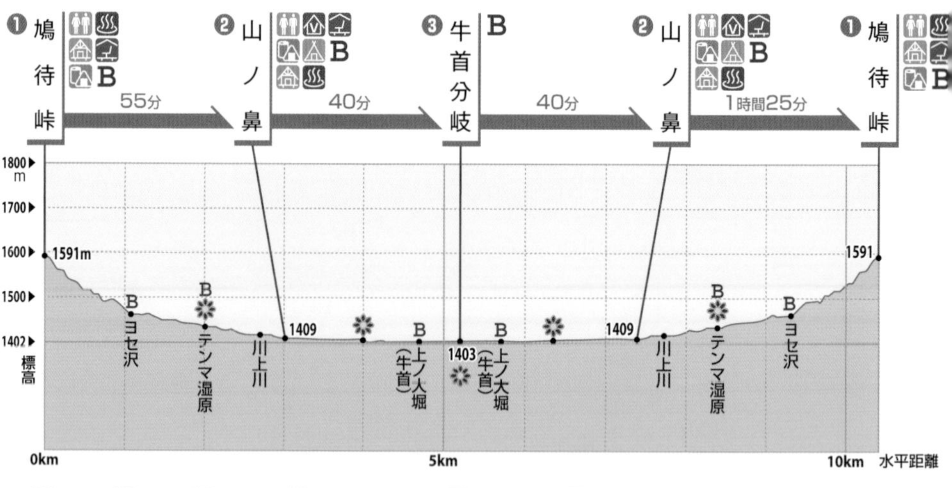

トイレ　売店　山小屋　ビジターセンター　キャンプ場　入浴のみ可　休憩所　✿ 花　B ベンチ

レベル	入門 ★
日　程	日帰りまたは 前夜泊日帰り
コースタイム	3時間40分
コース距離	10.3km
標高差	188m

「逆さ燧」を映す牛首付近の池塘

Map	P22
ハンディ Map	C-4・5

PLAN

群馬県側の尾瀬の玄関口である鳩待峠から、尾瀬ヶ原・牛首分岐を訪れる尾瀬の入門コース。首都圏を早朝に発てば、充分に日帰りが可能。鳩待峠からのコースは最短で尾瀬ヶ原を訪ねることができるだけに、人気の高いコースだ。鳩待峠から樹林を下って山ノ鼻に着けば、待望の湿原散策が待っている。湿原に延びる木道を歩いて、湿原植物や景観を満喫しよう。ゆっくり湿原散策を楽しむなら、前夜に登山口の鳩待山荘か、麓の片品村戸倉の旅館や民宿に泊まるプランにするとよい。

コース情報

ミズバショウは5月下旬から6月中旬、ニッコウキスゲは7月中旬から下旬、草紅葉は9月中旬から下旬が見頃だ。ただしミズバショウの頃や秋の週末、夏休みの前半（7月下旬～8月上旬）は混雑することが多い。

尾瀬ヶ原の入門コースを行く

鳩待峠 ＞ 山ノ鼻

戸倉からのバスの終点・❶鳩待峠（はとまちとうげ）には山小屋、売店、公衆トイレが建ち、売店前にはベンチもある。身支度を整えて出発しよう。

尾瀬ヶ原の西の入口となる山ノ鼻へは、広い駐車場の北端にある「尾瀬国立公園」の看板横から樹林の中を下っていく。入口にはマットが敷いてあるが、これは植物の種子などを持ち込まないように、靴の汚れを落とすためのものだ。入下山者調査用センサーもあるが、ここでは右側を通っていこう。

鳩待峠は尾瀬の各方面に向かう玄関口で、いつも賑わう

ブナやダケカンバの樹林の道を、石畳、木の階段、木道の順に下っていく。やがて左手が開けてきて、頭上高く至仏山（しぶつさん）が、眼下には

川上川が望まれる。さらに階段や木道を下り、ヨセ沢を渡ると川上川の畔に出る。ここまで下れば、ほぼ平坦な木道歩きが山ノ鼻まで続く。

川上川を離れて右に曲がり、テンマ沢を越えていくと小湿原に出る。地元の人達に「テンマ湿原」と呼ばれる湿原で、春のミズバショウからニッコウキスゲ、コオニユリなど花の種類は多く、秋はカエデやダケカンバの黄葉が美しい。景観を楽しんで樹林に入り、抜け出ると再度川上川に出合う。ここはもう山ノ鼻の一角だ。

山ノ鼻手前のテンマ湿原は、初夏にはミズバショウが美しい

川上川を渡って少し行くと、キャンプ場やビジターセンター、公衆トイレ、山小屋が建つ❷**山ノ鼻**に着く。山ノ鼻には至仏山荘、山の鼻小屋、尾瀬ロッジと3軒の山小屋が建っているが、各小屋前は広場になっていてベンチもあるので、好みの場所で休憩しよう。

鳩待峠と山ノ鼻間の樹林の道

山ノ鼻 ＞ 牛首分岐

上田代へは、至仏山荘の横から山の鼻小屋の前を通り、尾瀬ロッジの前を左折すると湿原に出る。ここから待望の尾瀬ヶ原の湿原歩きで、最初に出合う湿原が上田代だ。広大な尾瀬ヶ原は流れる川によって、上田代、中田代、下田代に分けられる。これから歩く上田代は、尾瀬ヶ原の西端に位置し、湿原の幅が最も狭くなっている上ノ大堀までを指している。

湿原植物を楽しみながら歩いて川上川を渡り、拠水林を抜けると広大な湿原となる。正

自然かんさつ手帳

池塘の女王 水中植物

ヒツジグサは主に中田代や上田代で見ることができる

尾瀬の池塘に彩りを添えているのが、オゼコウホネやヒツジグサ。オゼコウホネは絶滅が心配されている。しかし、何十年も見られなかったにもかかわらず、最近突然見られるようになった池塘もある。今は潜伏期で突然復活するものなのか、謎は深まるばかり。一方のヒツジグサは羊の刻（午後2時頃）に咲くといわれ名付けられたが、実際は午前11時頃から咲く。清楚なイメージだが繁殖力はとても旺盛で、生育地を広げているように思える。

鳩待峠から下ること約1時間、小平地の山ノ鼻に着く。ここからいよいよ尾瀬ヶ原へ入る

面遠くに燧ヶ岳を見ながら進むとベンチが現われ、池塘を巡る木道が敷かれている。ここから先は、左右に次々と池塘が現われる。池塘をぬうように木道が延び、楽しい散策が味わえる。上田代は池塘が多いことから「ユルギ田代」とも呼ばれる。

池塘や景観を楽しみながら進むと、木道横にシラカバが生え、左にベンチがある場所に出る。このベンチ横の池塘は逆さ燧が映る池塘としてカメラマンに人気が高く、朝夕の静かな時には多くの写真愛好者がカメラを構えている。

さらに木道を進むと右にベンチがあり、上ノ大堀に出る。ここは尾瀬ヶ原が最も狭くなった場所で、「牛首」と呼ばれている。上ノ大堀を渡れば❸**牛首分岐**だ。

牛首分岐 ＞ 鳩待峠

下山はここから往路を引き返すが、❷**山ノ鼻**まで戻って時間があるようなら植物研究見本園（P45コース7参照）を散策してみよう。見本園へは、至仏山荘前の広場から指導標に従って至仏山への道をわずかに進み、右へと入る。一周約40分、半周約20分ほどだ。

❶**鳩待峠**へは山ノ鼻から川上川を渡り、小湿原を通って川上川畔に出る。ここから約150mの登りとなる。緩急を付けながらの登りが続くので、所々にあるベンチで休憩を取りながら、ゆっくり登っていこう。

Pick Up ☞

尾瀬の門番　入下山者調査センサー

尾瀬沼・尾瀬ヶ原地域の登山口には、各登山口の入下山者数を調査するためのセンサーが設置されている。これにより、どの登山口が1日、月間、年間を通じて最も多いかがわかり、全体の利用者もわかる。圧倒的に多いのが群馬県側の鳩待峠と福島県側の沼山峠で全体の2/3以上を占めている。正確な入山者を把握するためにも必ずセンサーの右側を通り、調査に協力しよう。

鳩待峠に据え付けられた調査センサー。右側を通るように

夏の池塘では、水面に水生植物の葉が覆う

日本百名山の燧ヶ岳を背にした、尾瀬ヶ原で一番大きな牛首分岐のベンチ。本コースはここから引き返す

2 鳩待峠から尾瀬ヶ原回遊

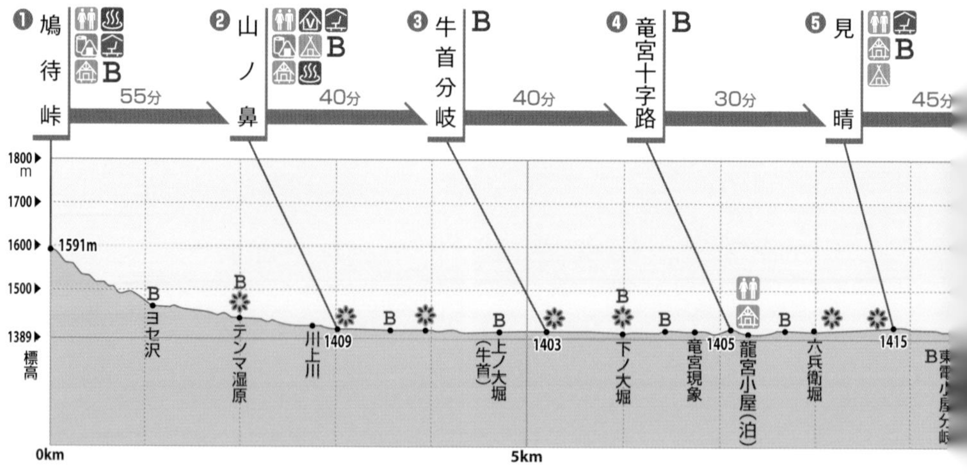

トイレ　売店　山小屋　ビジターセンター　キャンプ場　入浴のみ可　休憩所　花　B ベンチ

至仏山をバックにした中田代・下ノ大堀のミズバショウ群落

レベル	初級 ★★
日　程	1泊2日または前夜発日帰り
コースタイム	1日目＝2時間15分 2日目＝4時間35分
コース距離	19.1km
標高差	197m

Map P22
ハンディMap C-4･5､D-4

PLAN

尾瀬沼とともに、尾瀬を代表する景勝地である尾瀬ヶ原を満喫するプラン。コースは鳩待峠から山ノ鼻までの上下以外はほぼ平坦な木道歩きが続き、分岐点には指導標も完備されているので、初心者でも気軽に尾瀬ヶ原の魅力が満喫できる。新宿発の夜行バスを利用して鳩待峠を早朝に発てば日帰りも可能だが、人によってはただ歩くだけに終始する可能性もあるので、龍宮小屋に宿泊する1泊2日のプランとして紹介する。山中に1泊することにより、朝夕の幻想的な光景を思う存分楽しめるはずだ。

コース情報

ミズバショウ（5月下旬～6月中旬）の群落地は下ノ大堀、竜宮十字路の長沢寄り、下田代・東電小屋分岐周辺、ニッコウキスゲ（7月中～下旬）は中田代・下ノ大堀周辺で群落する。なお、尾瀬の木道は右側通行が原則になっているので注意しよう。

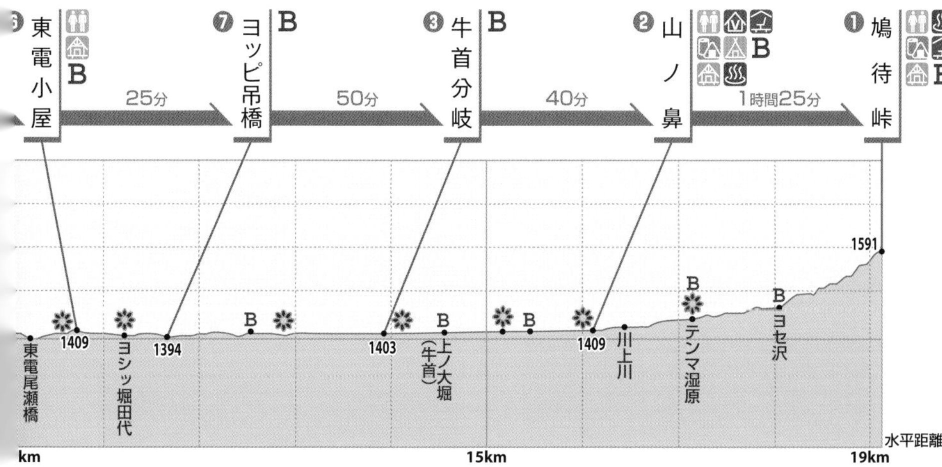

花と展望――憧れの木道歩き

鳩待峠 ＞ 山ノ鼻

1日目／❶鳩待峠（はとまちとうげ）で身支度を整えたら、山ノ鼻を目指して下っていく。石畳の道を下り、ハトマチ沢を越えて木道を進む。やがて視界が少し開け、左上に至仏山が、眼下には川上川が望まれる。眺めを楽しみつつ、急な階段を下る。ヨセ沢を渡り最後に短い急な階段を下ると、川上川畔に出る。ここまで下れば、山ノ鼻まではほぼ平坦な歩きとなる。

川上川畔から右に曲がっていく。このあたりでは6月にはシラネアオイやサンカヨウなどが咲いている。テンマ沢を渡って小湿原（テンマ湿原）を抜け、川上川を渡れば❷山ノ鼻（やまのはな）に到着する。

山ノ鼻 ＞ 龍宮小屋（泊）

初日の目的地・竜宮（りゅうぐう）へは至仏山荘前の広場から右へと進む。山荘横を通り、尾瀬ロッジ前を左に曲がるといよいよ尾瀬ヶ原（上田代）だ。湿原に延びる木道を歩いて川上川を渡り、拠水林を抜けると広大な湿原が眼前に展開する。

中田代・下ノ大堀近くの池塘と燧ヶ岳

展望や湿原植物を楽しみながら歩いていくと、次々に池塘が現われる。池塘の間をぬうように木道をたどると、上ノ大堀に出る。川を渡れば中田代だ。橋を渡り、なおも歩いていく。周囲は6月下旬から7月上旬にかけては、ワタスゲの果穂が風に揺れているだろう。ワタスゲの群落は少し先の牛首分岐付近まで楽しめる。花を楽しみながら歩くと左に

自然かんさつ手帳 七色だけじゃない　尾瀬の虹

尾瀬を歩いていると虹を見ることが割とよくある。早朝の湿原を彩る幻想的な光景は尾瀬の風物詩でもある。日中には七色の虹が、そして、早朝には白い虹が現われる。尾瀬はにわか雨が多いのだが、これが虹の発生の多さに関係する。この白い虹は、朝霧に光が当たり霧が動き出して消え始めると現われる。一瞬の時もあれば、10分以上も出たり消えたりしながら続くことも。朝霧が出て光が当たれば必ず出現するわけではなく、むしろ出現しない方が多い。まさに幻の白い虹だ。

よく見られる場所は山ノ鼻と見晴を結ぶメイン道や竜宮十字路〜ヨッピ吊橋間で、どういう理由かはわからないが、上田代や下田代の六兵衛堀〜沼尻川間ではほとんど見られない。白い虹を見たいときには、見晴や竜宮に泊まるとよい。虹は見ることができなくても、早朝に広がる幻想的な霧の景観が楽しめる。

牛首分岐で見られた通常の虹

竜宮十字路付近に出た白い虹

下ノ大堀のニッコウキスゲ群落。7月中旬から咲き始める

尾瀬ヶ原中央部に位置する竜宮十字路で憩う登山者

下田代・六兵衛堀の拠水林に咲くミズバショウ群落

ベンチがある場所に出て、すぐに❸**牛首分岐**に着く。ここにもベンチがあり、多勢の人が休んでいる。左は2日目に通るヨッピ吊橋への道で、目指す竜宮へは直進する。

咲き競う大小の湿原植物や展望を楽しみながら歩いていくと左にベンチがあり、大きな池塘を回り込むように木道が延びている。この池塘も逆さ燧が見られる。池塘を過ぎると下ノ大堀。下ノ大堀を渡ると、左に木道が分かれる場所に出る。どちらの道を進んでもすぐ先で合流するが、ここは左手の木道を進もう。こちらは下ノ大堀畔に出る道で、春にはミズバショウ、夏はニッコウキスゲが群落する場所として知られる、尾瀬を代表するビューポイントだ。

景観を楽しんだら、木道を東進する。分岐

中田代と下田代の境に建つ龍宮小屋。公衆トイレも併設

の先で左手にベンチのある池塘が現われるが、このあたりの眺めもすばらしい。池塘や林立するシラカバが美しく、いつ訪れても楽しい。ベンチを過ぎ、小川を越えて右に回り込むように進むと、左右に木道が分かれる場所に出る。この木道は竜宮現象を見るための木道で、左が出口、右が入口になっている。龍宮小屋は近いので、珍しい自然現象を観察してみよう(P67「自然かんさつ手帳」参照)。

竜宮現象を後に、竜宮十字路へと向かう。6月上旬にはリュウキンカが右側に群落する道を行くと、すぐに❹**竜宮十字路**に着く。左の道はヨッピ吊橋へ(P33コース3参照)、右の道は長沢新道経由の富士見峠へと延びている。ここは直進する。すぐに龍宮小屋があり、今日はここに宿泊する。荷物を置いて十字路に戻り、木道を左に100mも行けば尾瀬を代表するミズバショウの群落地があり、5月下旬から6月上旬がすばらしい。

また、周囲の池塘は尾瀬を代表するビューポイントのひとつで、池塘越しの至仏山が美しい。

龍宮小屋 ＞ 見晴 ＞ ヨシッ堀田代 ＞ 牛首分岐

2日目／下田代の見晴へは、小屋横から樹林に入る。すぐ沼尻川に出合うが、この川は群

馬県と福島県の県境となっており、川を渡ると東北地方となる。正面に燧ヶ岳を見ながら進むと見晴の小屋群が見え出し、右に木道が分かれる。木道終点にはテラスがあり、池塘越しの至仏山が美しい。

本道に戻って進むと六兵衛堀で、6月にはミズバショウが咲き、水中にはイワナの姿も見える。川を渡って歩いていけば❺**見晴**だ。ここには6軒の山小屋と公衆トイレ、キャンプ場がある。直進すれば尾瀬沼へ、これから向かうヨシッ堀田代へは立看板の横を左に行く。樹木の間を通って湿原に出ると6月、リュウキンカが群落している。この先の東電小屋分岐にかけてはミズバショウ、カキラン、コタヌキモ、チョウジギクなど、尾瀬では最も花の種類の多い所だ。

花を楽しみながら歩き、一段高く上がると、東電小屋分岐だ。ここを左折して樹林に入り、しばらくで只見川に出る。川に架かる東電尾瀬橋を渡ると新潟県に入る。シラカバなどの樹木が生えた湿原をたどり、樹林を緩やかに登っていけば❻**東電小屋**に着く。公衆トイレもあり、高台で眺めもよい。眼下に広がる湿原はヨシッ堀田代だ。湿原に下りて木道を進むと❼**ヨッピ吊橋**に出る。吊橋を渡れば中田代で、左に竜宮十字路への道（P33コース3参照）が分岐している。

ヨッピ川に架かるヨッピ吊橋を渡り、中田代へ戻る

尾瀬中央部からやや外れ、静かな環境に建つ東電小屋

東電尾瀬橋から只見川上流を望む

分岐を直進すると、左に大きな池塘が現われる。池塘を巡る木道が敷かれ、ベンチも設置されている。この池塘からの眺めはすばらしく、逆さ燧も楽しめる。ベンチを過ぎ、さらに進むと下ノ大堀の拁水林となる。この拁水林手前一帯は尾瀬を代表するニッコウキスゲの群落地で、7月中旬には見事な群落が広がっている。

拁水林を通り、左右に展開する池塘や景観を楽しみながら歩いていけば❸**牛首分岐**に着く。

牛首分岐 ＞ 山ノ鼻 ＞ 鳩待峠

牛首分岐から右手の道に入り、山ノ鼻へと向かう。❷**山ノ鼻**から❶**鳩待峠**へは標高差約150mの登りとなる。途中には何箇所かベンチがあるので、疲れたら無理はせず、休み休み登っていこう。

下ノ大堀近くのニッコウキスゲ群生地を行く

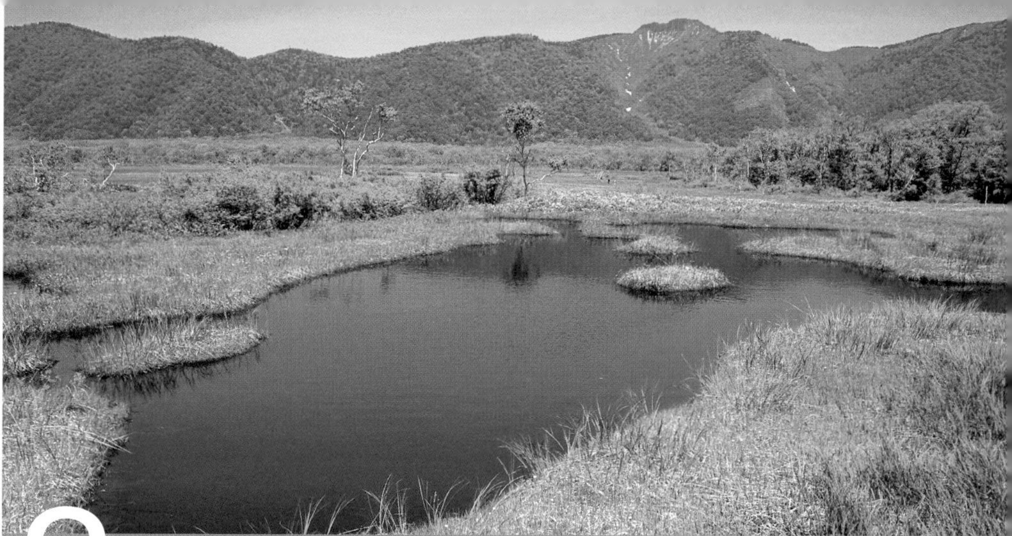

3 ショートコース 竜宮十字路からヨッピ吊橋

Map P22
ハンディMap C-4、D-4

竜宮十字路に広がる池塘
（正面の山は景鶴山）

コース距離	1.4km	コースタイム	30分	標高差	8m

短くも尾瀬の魅力満載の道

沼尻道は見晴まで行く時間はないが、往復コースは物足りない、という人におすすめ。

竜宮十字路を後に、左に至仏山、右に燧ヶ岳、正面に景鶴山（けいづるさん）を見ながら進む。眺めを楽しみながら進むと、木道の間にベンチがある。この周辺がコース中で最も眺めがよく、また高層湿原の高低差がよくわかる場所でもある。

木道が右に回り込むようになると池塘が現われる。この池塘越しに見る至仏山が印象的だ。風がなければ池塘に投影する姿も楽しめる。池塘の右側を歩いていけば、ベンチが設置されたヨッピ吊橋に着く。木道が左右に分かれていて、右に行けば吊橋を渡ってヨシッ堀田代へ、左に行けば牛首分岐に出る。

Pick Up ☞

尾瀬ハイウェイ　木道

高低や屈曲を勘案して敷設される木道

木道の資材はヘリコプターで搬入される

尾瀬歩きといえば、木道のイメージがあるだろう。総延長60kmにも及ぶこの木道、湿原がぬかるんで歩きづらいため、そして、湿原保護を目的として敷設されている。

木道は、麓である程度加工したものをヘリコプターで空輸している。最近の木道は高く施設される傾向があるが、これは残雪期や豪雨などで川や湿原が増水し、木道が水没して通行止めにならないためだ。ヨシッ堀田代の木道も高い位置にあるが、これは熊が木道の下を通れるようにしたものである。

4 鳩待峠からアヤメ平

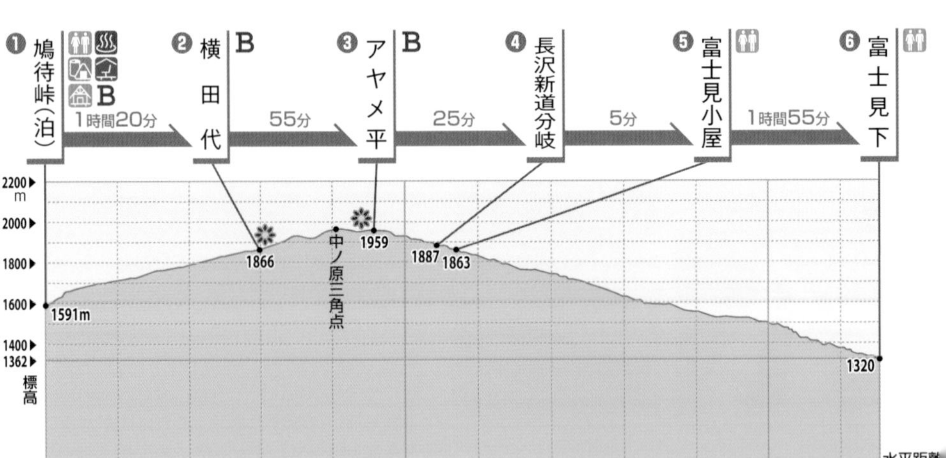

トイレ　売店　山小屋　ビジターセンター　キャンプ場　入浴のみ可　休憩所　✲ 花　B ベンチ

広大なアヤメ平の湿原に点在する池塘。至仏山（写真）や燧ヶ岳の展望がすばらしい

レベル	初級 ★★
日　程	前夜発日帰り または前夜泊日帰り
コースタイム	4時間40分
コース距離	11.6km
標高差	649m

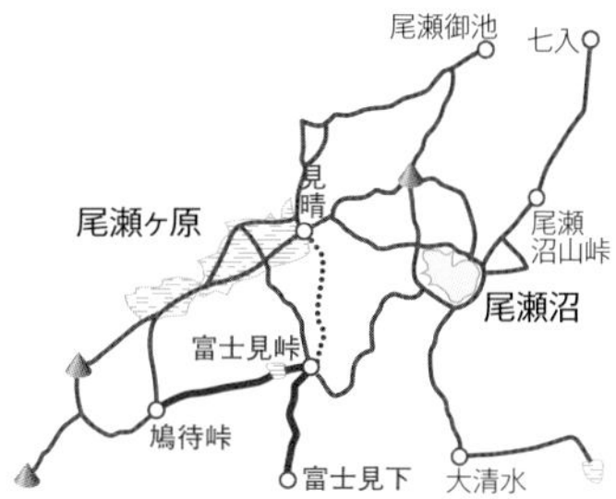

Map	P22-23 ＋分図②
ハンディ Map	C-5、D-5･6

PLAN

尾瀬ヶ原の南側に連なる尾根上の湿原を訪ねる。鳩待峠から横田代までは樹林帯の登りが続くが、湿原に出れば雄大な展望が得られるので、それを楽しみにゆっくり登っていこう。コースは訪れる人も少なく、静かな尾瀬が満喫できる。ただし稜線上の富士見小屋が長期休業中のため、天候急変時の避難場所がない。特に午後は天候が変わりやすいので、鳩待峠の山小屋か、山麓の戸倉周辺の旅館・民宿への前泊、あるいは東京からの夜行高速バス利用で早朝から行動をしたい。

コース情報

横田代やアヤメ平では、8月上旬頃にキンコウカが湿原を黄色く染め上げる。また、秋は草紅葉と至仏山や燧ヶ岳など360度の大展望が得られる。樹林帯では7月上旬まで残雪のある年もあるので、一般的には7月中旬以降がベストだろう。

尾根上に広がる湿原を目指す

鳩待峠 ＞ アヤメ平 ＞ 富士見小屋

戸倉から鳩待峠行きマイクロバスかタクシーに乗り、終点で下車する。身支度を整えたら、アヤメ平を目差して出発しよう。

❶**鳩待峠**（はとまちとうげ）バス停の広場から、鳩待山荘と公衆トイレの間（鳩待山荘を正面に見て山荘の右横）を行くと、すぐにアヤメ平への登りとなる。うっそうとしたブナ林を登り、オオシラビソ等の針葉樹が多くなると、傾斜は緩やかになってくる。なお、本コースは大部分が木道歩きだが、樹林中のために木道が湿っていて滑りやすいところもあるので、足元には充分注意して歩いていこう。

鳩待峠の東端にあるアヤメ平の登山口。深い樹林の中へと入る

樹林が開け、傾斜が緩むと横田代の湿原が現われる

しばらくは眺望もない樹林の道を登る。やがて眼前が開けて湿原に出る。ここが❷横田代だ。ここまで樹林の中を歩いてきたからか、ひときわ明るく、開放的な気分に浸れる。横田代は広大な傾斜湿原で、着いた所はその最下部だ。

湿原に延びる木道を進むと左右に小さな池塘が現われ、やがて右側に少し大きな池塘が現われる。この池塘を過ぎると木道は右へ、斜め上へ登るように延びている。緩やかに登っていくと左にベンチがある。

ここまで来れば眺めがよくなり、燧ヶ岳や至仏山、景鶴山、遠く平ヶ岳や越後駒ヶ岳も望まれる。そして8月上旬には一面を黄色に染めるキンコウカが咲き、9月上旬の草紅葉もすばらしい。今まで眺めが得られなかっただけに、この雄大な景観は何より嬉しい。ゆっくりと楽しもう。

「鳩待通り」と呼ばれる樹林の道を横田代へ

ベンチから少し登ると湿原の最上部で、ここで湿原は終わり、樹林の中へ入っていく。しかし、横田代までのうっそうとした樹林と比べ、樹木の背丈も低く明るい感じだ。緩やかにアップダウンを繰り返しながら木道を進むと、中ノ原三角点に着く。「中原山」の標識が立ち、コース上の最高所になる。しかし周囲は樹木が伸び、眺めはよくない。中ノ原

自然かんさつ手帳

アヤメ平の湿原復元

植生復元中の湿原

湿原は枯死した植物が腐敗せず、泥炭層となって形成されるため、一度踏み荒らされると復元が不可能に近いという。昭和30年代後半の登山ブームで尾瀬にも大勢の人が訪れ湿原が踏み荒らされ、特にアヤメ平は裸地化が進んでいた。そこで昭和41年に緑地化に着手する。ミタケスゲを主にした植物を移植し、種子も蒔く方法を取った。5年ほどでわずかながら成果が現われ、現在もなお復元作業が続けられている。絶対に湿原には踏み込まないようにしよう。

横田代にある広々としたベンチ

三角点から緩やかに下り再び登ると、また湿原に出る。**❸アヤメ平**に到着だ。

アヤメ平は1900mを超える高所にある傾斜湿原で、池塘があり、燧ヶ岳や至仏山、日光連山など360度の大展望が得られる。8月上旬のキンコウカや秋の草紅葉の頃は特にすばらしい。ちなみにアヤメ平の由来は、この湿原に多いキンコウカの葉が、アヤメが芽吹く頃の葉に似ているところから名付けられたといわれている。

ただ残念なことに、湿原が昔ほどの規模でなくなってしまっている。これは、昭和30年代の登山ブームの時、尾瀬にも多勢の登山者が押し寄せてアヤメ平に登り、湿原が踏み荒らされたことによる。地元の人や関係者によって修復作業が行われているが、まだ本来の姿には戻っていない。一度湿原が踏み荒らされると修復は困難なので、尾瀬に限らず、どこの湿原でも絶対に踏み込まないよう心がけたい。

Pick Up ☞

峠と荷馬

富士見峠から見晴へ下る八木沢道（P39）は、昔は馬も通る道だった。山小屋建設のための資材や物資は、山麓の片品村戸倉から富士見下を経由して富士見峠に登り、見晴まで馬で荷揚げした。そのため、コース中には馬洗い淵、昼場などの地名が残っている。現在は資材の運搬はヘリコプターやボッカさんが主役になっている。富士見下からの道は歩く人が少なくなったが、往時を思い起こしながら歩いてみるのもよい想い出になるだろう。

尾瀬の峠を越えて荷を運ぶ馬（長蔵小屋前）

眺めを楽しみながら歩いていくと左側に池塘が現われる。池塘越しに見る燧ヶ岳や至仏山は、いつ見てもすばらしい。池塘を過ぎると右側にアヤメ平の標識が立ち、ベンチもあ

本コース最高点（1969m）となる中ノ原三角点。灌木に囲まれ展望はよくない

草紅葉に彩られるアヤメ平付近。正面奥の山は武尊山

尾瀬ヶ原への分岐そばの富士見田代で記念撮影

燧ヶ岳をバックにした富士見田代近くの池塘

る。眺めのよい所なので休んでいこう。

ベンチを過ぎると緩やかに下るようになり、アヤメ平の湿原は終わる。明るい樹林に入ると右側が切れ落ちた尾根の端を歩くようになる。左側は樹林だが右側は眺めがよく、上州武尊山や片品村の家並みが望まれ、眼下には富士見下へ通じる林道も見えている。眺めを楽しみながら緩く下っていくと小湿原が現われ、富士見峠の一角に建つ富士見小屋が見えてくる。

湿原の右端を通って樹林に入ると❹**長沢新道分岐**に出る。左への道は長沢頭を通って尾瀬ヶ原・中田代の竜宮十字路へ通じる道（長沢新道）だ。富士見峠へは直進するが、左の道に入ってすぐ右に分かれる木道があり、大きな池塘に出る。池塘越しの燧ヶ岳を望むビューポイントだ。富士見峠への分岐から5分もかからないので、往復してこよう。

分岐に戻り左に曲がると、すぐに富士見田代の湿原に出る。湿原に延びる木道を緩やかに下って樹林を抜け出ると❺**富士見小屋**（長期休業中）に着く。小屋前は広場になっており、眺めもよく、公衆トイレも建つ。名前の通り、見通しのよい日なら遠くに富士山が望めるだろう。

富士見小屋 ＞ 富士見下

ゆっくり休んだら林道を下っていく。左に行く道は富士見峠を越えて尾瀬ヶ原の見晴へ（P39コース5参照）、さらに峠から白尾山、皿伏山を経て尾瀬沼への道が通じている（P92コース20の逆コース参照）。

富士見小屋前の広場から林道を下り、大きく右に曲がって歩いていく。林道右側の急斜面の上部はアヤメ平の一角になる。ブナやミズナラなどの樹林内に延びる林道を下っていくと、やがて平坦地になる。この一帯は田代原と呼ばれる、巨木の森林美が楽しめる場所だ。田代原を過ぎ緩やかに下っていくと、❻**富士見下**の駐車場が現われる。

富士見小屋前の広場。傍らにトイレがある

富士見小屋～富士見下間は長い林道歩き

5 ショートコース 富士見峠から見晴

Map P22-23
ハンディMap D-4・5

昼場はかつての荷運びの人が昼を取った場所

コース距離	3.9km	コースタイム	2時間15分	標高差	462m

ブナ林と沢のせせらぎを楽しむ

八木沢（やぎさわ）道は、かつて山麓の戸倉から見晴へ物資を運ぶ道だった。コース中は花こそ少ないが、コース下部のブナ林や沢音を聞きながらの静かな山歩きが楽しめる。

休業中の富士見小屋の前から東へ林道状の道を行くと富士見峠の道標があり（富士見小屋の前にも「富士見峠」の標柱があるので注意）、ここで左手の道に入る。尾根の右側斜面を横切るように歩き、何度も右、左と繰り返し曲がるように下る。ひたすら下っていくとときどき樹間が開け、燧ヶ岳や皿伏山の特徴ある姿が望める。

さらに緩やかに下っていき、八木沢を渡って右岸沿いに進む。ここまで下れば後は平坦な道が見晴まで続くが、所々ぬかるみがあるので注意したい。やがて沼尻川に出て、橋を渡ると福島県に入る。見事なブナ林を進むと見晴キャンプ場に出る。休憩所と公衆トイレの間を歩いていくと、6軒の山小屋が建つ見晴の中心地だ。

富士見小屋は2015年以降休業中。ここから東の富士見峠へ

見晴までは樹林に包まれた山腹をたどっていく

※2021年3月現在、八木沢橋付近の登山道が一部崩壊して登山道が狭くなっており、笹薮の中を通過することになる。

6 御池から燧裏林道

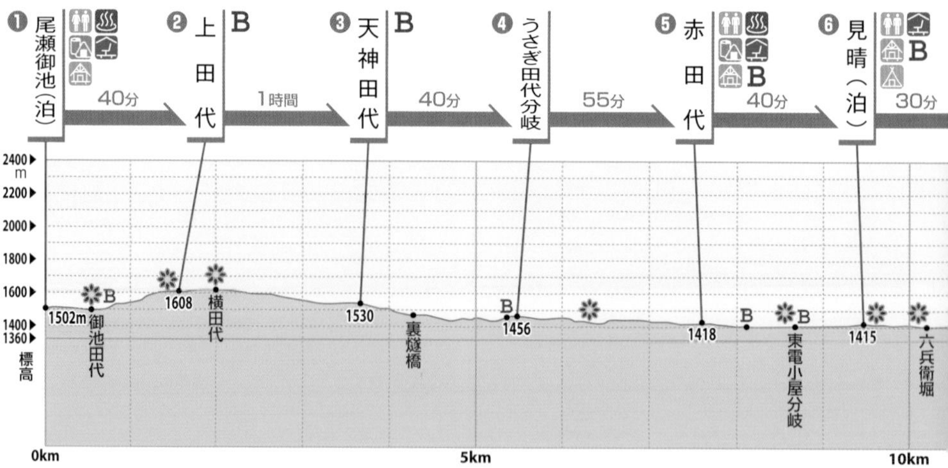

🚻 トイレ　売店　山小屋　ビジターセンター　キャンプ場　入浴のみ可　休憩所　✿ 花　B ベンチ

広大な傾斜湿原の上田代。10月に入ると草紅葉が美しい。中央部から振り返る

レベル	中級 ★★★
日　程	前夜泊1泊2日 または1泊2日
コースタイム	1日目＝3時間55分 2日目＝5時間30分
コース距離	21.1km
標高差	567m

Map P52-53、22 ＋分図②
ハンディMap D-3~6、E-3

PLAN

福島県側の御池から燧ヶ岳北面を横切る燧裏林道を歩いて尾瀬ヶ原を訪ね、長沢新道を通って群馬県側の富士見下に抜ける。燧裏林道は起伏こそそれなりにあるが、湿原や豊かな森林美が楽しめる。御池から宿泊地の見晴までは休憩時間を含み5時間程かかるので、余裕を持って歩くためには御池か山麓の檜枝岐村の宿に前泊する必要がある。東京早朝発の場合は御池着が昼前になるので、その場合は手前の赤田代の山小屋に宿泊する。終点の富士見下のバスは廃止されたので、タクシーを手配しておく。

コース情報

燧裏林道の上田代は眺めがよく、平ヶ岳や荒沢岳などが望める。6月下旬にはヒメシャクナゲ、8月上旬にはキンコウカが、9月は草紅葉がすばらしい。ただし、樹林帯では6月中旬頃まで残雪があるので、歩行の際は注意したい。

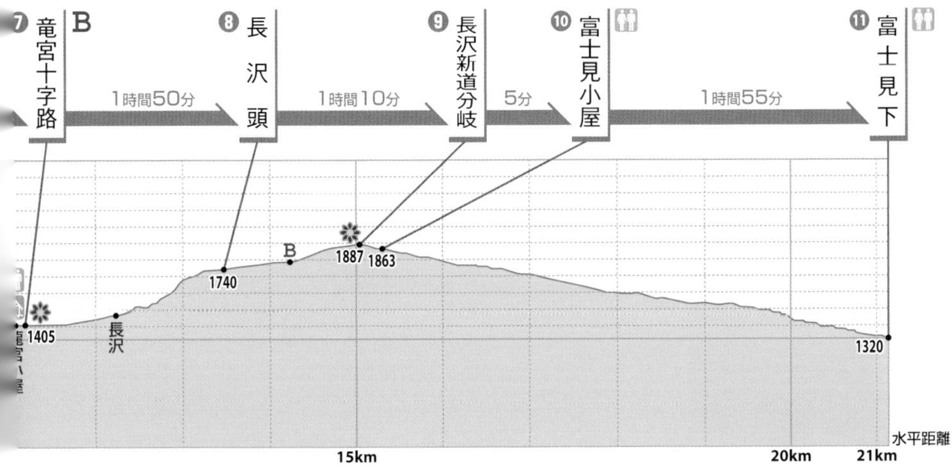

山の駅御池では登山用品が入手できる

御池の駐車場西端から燧裏林道が始まる

尾瀬の隠れ家的存在のコース

御池 ＞ 段吉新道 ＞ 見晴（泊）

1日目／**❶尾瀬御池**バス停には尾瀬御池ロッジと山の駅御池（売店兼食堂と休憩所・公衆トイレを併設）が建ち、広い駐車場がある。バスを降りたら身支度を整えて出発しよう。

駐車場の西端に燧裏林道（通称ウラヒウチ）への入口がある。林道といえば車も通れる幅広いイメージを受けるが、この燧裏林道は完全な登山道だ。登山道に下りて樹林に入り、左に燧ヶ岳への道を分けるとすぐに御池田代の湿原に出る。ベンチがあり、木道はバリアフリー化されて幅広く、駐車場から車椅子でも訪れることができる。

湿原東端を歩いて樹林に入り、湿原を回り込むように右に曲がっていくと緩やかな登りとなる。階段状の道を行くと姫田代に出る。樹林に囲まれた小さな湿原だ。湿原の中央を歩いて樹林に入り、緩やかに登っていくと広い湿原に出る。**❷上田代**に到着だ。

上田代は燧裏林道では最大の傾斜湿原で、春から夏にかけてミズバショウ、ヒメシャクナゲ、キンコウカなどが次々と咲き、秋は草紅葉が美しい。そして展望もよく、平ヶ岳や越後駒ヶ岳、荒沢岳などが眺められる。

眺めを楽しみながら歩いていくと左にベンチがある。さらに進むと再び左にベンチがある場所に出るが、この付近が最も眺めがよいので、ひと休みしていこう。ベンチを過ぎ、緩やかに登って樹林に入る。振り返ると湿原に延びる木道が印象的だ。

樹林を進むと大きな沢に出合う。入深沢

自然かんさつ手帳

山道を彩る落ち葉

尾瀬は国立公園なので、落ち葉の持ち帰りはできない

尾瀬ヶ原の樹林や燧裏林道には、ブナやミズナラなどの広葉落葉樹を主体とした森が広がる。高木の下にはハウチワカエデなどカエデ類、ナナカマド、オオカメノキなどの低木が生えて見事な森林美を見せてくれる。

ブナやミズナラの黄葉は美しいが、すぐ茶色に変色して落葉になる。その点、赤や黄色のカエデ類、薄黄緑のコシアブラ、赤いウルシなどは、落葉してもしばらくは赤や黄色のままだ。落葉を踏み、ゆっくり季節の移ろいを楽しもう。

原生林に包まれた小湿原の姫田代

シボ沢に架かる頑丈な吊橋の裏燧橋

池塘が美しい横田代

赤田代入口にある三条ノ滝と段吉新道の分岐

だ。沢の右岸沿いに左に曲がって沢を渡り、今度は左岸沿いに右に曲がっていくと湿原に出る。樹木の生えた湿原を進むと、左に小さな池塘が現われ横田代に着く。横田代は上田代に次ぐ大きな湿原で、下方には階段状に池塘が連なっている。

池塘の横を過ぎると道は右に曲がり、樹林を抜けるとノメリ田代だ。この湿原にも池塘があり、ミズバショウやワタスゲも楽しめる。これで湿原歩きは終わり、この先は赤田代まで樹林歩きとなる。

樹林に入って出戸深沢を越えて、小沢を越えると視界が少し開けるようになり、湿地状の❸**天神田代**に着く。左手には燧ヶ岳の頂上部が望める。天神田代を過ぎるとすぐ右に渋沢温泉小屋への分岐（廃道）がある。

分岐から樹林の道をたどっていくと視界が大きく開け、シボ沢に架かる吊橋（裏燧橋）に出る。橋上からは平ヶ岳が見えている。このあたりまで来ると樹相は針葉樹からブナをはじめとする広葉樹が多くなり、楽しい樹間歩きとなる。

橋を渡って少し下り、石が露出した斜面を登るが、道が少々わかりづらい。右側にベン

赤田代に建つ温泉小屋。湿原を望むテラスカフェが人気

龍宮小屋手前の沼尻川橋を渡り東北から関東に入る

チのある場所に出ると、そのすぐ先には❹**うさぎ田代分岐**がある。どちらの道を歩いても赤田代手前で合流するが、ここは直進して段吉新道に入る。段吉新道は温泉小屋の主人・故星段吉氏が荷上げ用に拓いた道だけに、急激なアップダウンの少ない、歩きやすい道だ。段吉新道には巨木が多く、春の新緑、秋（10月中旬頃）の黄葉がすばらしい。また、6月にはトガクシショウマ、ツバメオモトなどが林床や沢沿いに咲いている。

見事なブナ林を楽しみながら、沢を何度か越えていく。やがて右から道が合流するが、この道は先のうさぎ田代分岐からのものだ。木道を行くと樹林歩きは終わり、休憩所の前に出る。ここが赤田代の入口で、公衆トイレや元湯山荘、温泉小屋が建っている。

小屋の前を通り抜けると湿原に出る。ここが❺**赤田代**で、ミズバショウやリュウキンカ、オゼヌマアザミなどが春から夏にかけて咲いている。湿原左端を歩いて赤ナグレ沢の拠水林を抜け、ベンチがある湿原に出る。

再び小沢を越えていくと、ベンチがある東電小屋分岐に着く。右に東電小屋への道を分け、花や至仏山などの眺望を楽しみながら木道を歩く。湿原を一段下っていくと尾瀬ヶ原の東端、下田代❻**見晴**に着く。見晴には6軒の山小屋と公衆トイレが建ち、キャンプ場もある。山小屋に荷物を置き、周辺を散策してこよう。

長沢新道から振り返った尾瀬ヶ原

見晴 ＞ 竜宮十字路 ＞ 富士見下

2日目／竜宮十字路へは湿原中央に延びる木道を行く。六兵衛堀を渡ると沼尻川に出て、川を渡ると中田代に入る。拠水林を抜け、龍宮小屋を過ぎると❼**竜宮十字路**に着く。

目指す富士見峠へは左の道（長沢新道）に入る。尾根に突き当たると尾瀬ヶ原の湿原歩きは終わる。尾根の右側を歩き木道が途切れると山道になり、ブナ林を緩やかに登ると長沢に出る。橋を渡り、急斜面の階段を登ると長沢新道中間点の❽**長沢頭**に着く。ここからは緩やかな木道登りだが、木道の老朽化が進み少々歩きづらい。

針葉樹が多くなった樹林をたどると左に池塘へ行く木道が分かれ、すぐ先でT字路状の❾**長沢新道分岐**に出る。右はアヤメ平への道で、ここは左へ進む。富士見田代を見て樹林を抜ければ、休業中の❿**富士見小屋**だ。

小屋前から右下の林道に入り、えんえん下っていけば⓫**富士見下**にたどり着く。

竜宮十字路から南へ、前方の長沢頭へと向かう

長沢新道上部の土場。ベンチのある休憩適地

6月の見本園に所狭しと咲き誇るミズバショウ群落

7 滞在 山ノ鼻と見本園

Map P22､46
ハンディMap C-5

コース距離	1.1km	コースタイム	見本園回遊 40分	標高差	3m

PLAN

山ノ鼻は至仏山の東麓、尾瀬ヶ原西端にある至仏山登山や尾瀬ヶ原探勝の拠点だ。至仏山荘、山の鼻小屋、尾瀬ロッジと3軒の山小屋が建ち、また山の鼻ビジターセンター、キャンプ場、公衆トイレなどの施設が整っている。各小屋では売店や食堂も利用できる、楽しい風光明媚な山峡の地だ。ここに1泊して朝夕の尾瀬ヶ原・上田代の湿原を巡り至仏山、燧ヶ岳の景観をゆったりと楽しみたい。また、尾瀬の代表的な湿性植物を観察することができる尾瀬植物研究見本園（通称見本園）は、周囲の眺望もすばらしく、手軽な散策コースとして人気だ。

尾瀬ヶ原の花々が一堂に会する

尾瀬ヶ原 ＞ 見本園

鳩待峠から山ノ鼻を経て上田代散策を楽しんだら（P24コース1参照）いったん山ノ鼻まで戻るが、時間があれば山の鼻ビジターセンター（P70「Pick Up」参照）や隣接する尾瀬植物研究見本園（以降「見本園」）まで足を運んでみよう。

尾瀬ヶ原の最西部に位置する見本園は、木道敷きの散策路内に湿原や池塘、浮島といっ

山ノ鼻の広場の一角にある見本園への入口

見本園の木道沿いにはミズバショウが咲き乱れる

ミズバショウに次いで開花するカキツバタの群落

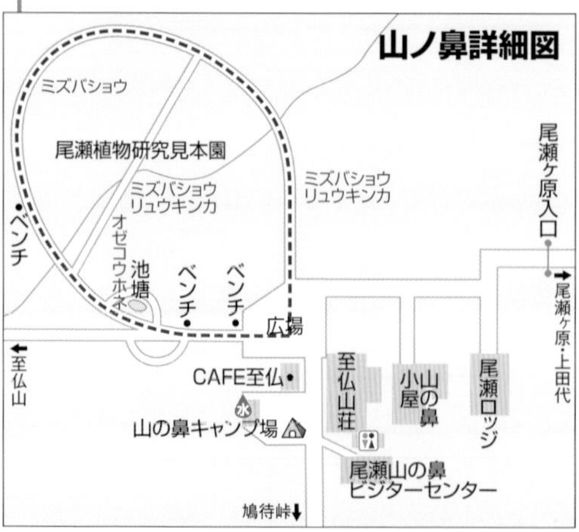

た尾瀬ヶ原の自然が凝縮され、季節ごとの花々が観察できる。人工の植物園のような印象を受けるが、実際には人の手は加わっておらず、尾瀬の自然の一部を活用している。花のみならず、尾瀬の2大山岳である燧ヶ岳や至仏山などの周囲の景観もすばらしい。

散策路は大回りコースで40分、その内側を通る小回りコースは20分ほどで一周でき、道もほぼ平坦だけに、登山入門者に最適。見本園南側の湿原はミズゴケの生える高層湿原で、北西方面に向かって中間～低層と湿原の移り変わる様子が観察できる。コンパクトながらも尾瀬の特徴が詰まった場所だけに、ぜひ立ち寄りたい場所だ。

山ノ鼻の広場から左へ、林を抜けて湿原に出ると右にベンチがある。正面には優美な山容の至仏山が間近に望め、木道が真っ直ぐに

山の鼻キャンプ場。13時から利用できる

ワタスゲの白い果穂が揺れる6月の見本園

延びている。

ベンチを過ぎると左右に木道が分かれる。左は池塘の周囲を巡るサブコース、右が周遊道で、この道に入るとすぐ大きな池塘が現われ、夏期にはオズコウホネが咲く。やがて至仏山の山裾に沿って歩くようになると、湿原越しに男性的な山容の燧ヶ岳も望める。

小川に出ると、見本園を半周する木道が右に分かれる。この道沿いは6月にはミズバショウやリュウキンカが美しい。直進してベンチを過ぎると見本園の最奥で、この付近にはミズバショウが群生している。

林を抜けていくと、先に分かれた半周する木道に合流する。ミズバショウやリュウキンカが咲く木道を直進してシラカバ林を抜ければ、山ノ鼻の広場に戻ってくる。

木道に沿うように咲くリュウキンカ

Pick Up ☞

幻の山・景鶴山

尾瀬ヶ原から北に目をやると、山頂部に岩峰を載せた山があることに気付く人もいるだろう。群馬・新潟県境に位置する景鶴山（けいづるやま）という標高2004mの山で、「日本三百名山」ならびに「ぐんま百名山」にも選ばれている。

尾瀬を形成した火山のひとつで、尾瀬国立公園の特別保護区に含まれている。名前の由来については「鶴」は全くの当て字で、登山道が開設されていない頃、ひどく密生した笹をかきわけて、はいずりながら登ったことから、「はいずる山」→「（訛って）へいずる山」→「景鶴山」となったといわれる。

かつては登山ルートがあったほか、冬期縦走などで入山していたが、現在は自然保護の観点から登山は全面的に禁止されている

尾瀬ヶ原越しの景鶴山。山頂部のニュー岩が目印

至仏山からの残雪期の景鶴山（左）

燧ヶ岳をバックにした見晴の全景

8 滞在 見晴と三条ノ滝

Map P52、49
ハンディMap D-3･4

コース距離	8.5km	コースタイム	三条ノ滝回遊 4時間10分	標高差	210m

PLAN

尾瀬の要衝・見晴は、東に豪快な山容の燧ヶ岳を間近に仰ぎ、西には尾瀬ヶ原東端の下田代の湿原が広がる別天地で、燧ヶ岳登山、尾瀬ヶ原や三条ノ滝探勝の拠点として多くの訪問者で賑わう。尾瀬最大規模となる6軒の山小屋が建ち、キャンプ場や休憩所、公衆トイレもある。小屋前のベンチで季節を味わいながらくつろぐのは最高。散策ポイントは下田代と赤田代の湿原、そして尾瀬の名瀑・三条ノ滝観瀑だ。見晴までのコースはいくつかあるが、最短かつ容易なのは鳩待峠発の尾瀬ヶ原経由（P28コース2参照）だ。

手軽な散策と豪快な滝見物

見晴回遊 ＞ 下田代 ＞ 三条ノ滝

見晴での散策は見晴回遊がよい。原の小屋前から尾瀬沼への道に入り、樹林を歩いて5分も行けば右に道が分かれ、これを進めば燧小屋の前に出る。15分ほどで一周できるもので、樹下の花を愛で、小鳥の声を聞きながらの森林浴は格別だ。新緑や紅葉の時期はすばらしい。また、下田代から竜宮方面に木道をたどるのもよい。気持ちよく広がる湿原を、

夏の夜の山小屋。薄暮から闇が迫る山の風情はまた格別

六兵衛堀あたりまで足を延ばす。往復約30分の散策で、おだやかな下田代の夕景がいい。

次に、人気の三条ノ滝を往復するコースを紹介する。午前中に出発したい。湿原入口にある弥四郎（やしろう）小屋横から右へ。湿原に出たら花や眺望を楽しみながら進むとベンチのある東電小屋分岐に着く。直進して赤田代の湿原を進むとベンチに到着。右上には燧ヶ岳の雄姿がある。赤ナグレ沢の拠水林を抜けると再び赤田代の湿原で、奥には温泉小屋も見え湿原歩きは終わる。元湯山荘、公衆トイレ、休憩

弥四郎小屋前に湧き出る「弥四郎清水」

ベンチのある東電小屋分岐。三条ノ滝へは手前へ

尾瀬のキャンプ場では最大規模の見晴キャンプ場

平滑ノ滝展望台～三条ノ滝分岐間のブナ林

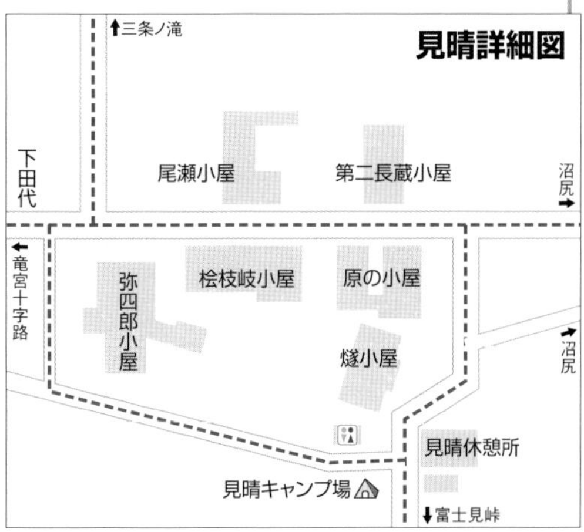

尾瀬中の水を集めて落下する三条ノ滝

所を過ぎると樹林帯に入る。

すぐに道が分岐し、左に下っていく（右は御池への道）。緩やかに下り、木の階段を降りると平滑（ひらなめ）ノ滝展望台だ。眼下には巨大な岩盤上を滑るように滝が流下する（展望台は岩が露出した絶壁上にあるので注意しよう）。

平滑ノ滝展望台から露岩やぬかるみのある道を下り、大ソリ沢を越えれば、ほどなく三条ノ滝分岐だ。直進し、さらに下ると三条ノ滝展望台だ。落差約100m、幅約30m、日本屈指の直瀑は、まさに豪快そのもの。初夏、雪解け水を集め、水量を増した滝は迫力満点。

平滑ノ滝。三条ノ滝とはまた違った趣きだ

滝の景観を満喫したら往路を戻るのもよいが、うさぎ田代を経由し、段吉新道利用で赤田代へ戻ると変化が付けられる。三条ノ滝分岐まで戻ったら左へ、急斜面を登ってうさぎ田代に出る。樹林の中の小さな湿原は、初夏には色鮮やかなレンゲツツジが咲き、秋は紅葉が美しい。うさぎ田代の湿原を歩いて樹林に入ると左に小沢平への道が分かれる。右に登っていくとうさぎ田代分岐だ。左は御池へ、右に進めば段吉新道経由で赤田代に出る。赤田代からは往路を見晴へと引き返す。

Pick Up ☞

尾瀬山中のいで湯

尾瀬には温泉小屋、元湯山荘、渋沢温泉小屋（2014年の雪害により倒壊。2021年3月現在施設はない）と、温泉を連想させる山小屋がある。そもそも尾瀬は火山である燧ヶ岳や景鶴山などの爆発でできただけに、温泉があっても何ら不思議はない。名前の通り、温泉小屋と元湯山荘近くでは23℃の含硫化水素酸性明礬泉が湧出し、浴用に引き入れ加熱して提供している。元湯山荘では立ち寄り入浴（14～20時・500円）ができるが、元湯山荘、温泉小屋は尾瀬でも奥まった位置にあるだけに、1泊することをおすすめする。疲れた体を温泉に浸す解放感は心地よい。

立ち寄り入浴ができる元湯山荘

尾瀬沼エリア

沼尻付近から見た尾瀬沼と東岸の山々

尾瀬口・小出IC
小沢平
只見川
1396.2
小沢平～うさぎ田代間は
2021年3月現在
道の手入れがされていない
シシバナ峰
不動滝
コヒキキの滝
東大ッボ沢
魚止沢
荒山沢
大滝
1508
1653.2
白沢ノ池
1703.8
キノクラ沢
渋沢温泉小屋跡
廃道
新潟県
魚沼市
うさぎ田代分岐
渋沢ノ滝
裏燧橋
1452.1
0:40
0:50
0:05
1834
うさぎ田代
三条ノ滝展望台
0:20
0:30
段吉新道
0:10
0:15
三条ノ滝分岐
平滑ノ滝
展望台
0:55
1:00
東白沢池
与作岳
（松富高山）
1933.0
景鶴山
2004
赤田代
尾瀬原休憩所
温泉小屋
元湯山荘
赤田代
0:20
1537
東電小屋分岐
東電尾瀬橋
第二長蔵小屋／尾瀬小屋
燧ヶ岳分岐
段小屋坂
カッパ山
1822
0:25
ヨシッ堀田代
ヨッピ吊橋
東電小屋
下田代
見晴
0:15
0:20
外田代
八海山
（背中アブリ山）
1811.1
0:50
沼尻道
0:30
見晴キャンプ場
弥四郎小屋／燧小屋
原の小屋／桧枝岐小屋
1638
竜宮十字路
泉水池
中田代
ヨッピ道
←P22-23
尾瀬ヶ原
龍宮小屋
1454
牛首分岐
0:40
竜宮現象
長沢
八木沢道
0:50
1:00
八木沢橋
背中アブリ田代植物見物研究本園
1452
山の鼻小屋
上田代
0:40
牛首
源五郎堀
1:50
1:05
長沢新道
昼場
1:50
1:20
山ノ鼻
尾瀬ロッジ
至仏山荘
至仏山
鳩待峠
1732.9
長沢頭
富士見小屋
富士見峠

1:50,000
0 500 1000m
1cm=500m
等高線は20mごと
駒ノ小屋・会津駒ヶ岳
大杉林道
大杉岳
1921.6
1871
1787
1371
1367
1684.5
檜枝岐中心部・会津高原尾瀬口駅
七入
七入オートキャンプ場
七入山荘
尾瀬御池
尾瀬御池ロッジ
燧ヶ岳分岐
御池田代までは車椅子の方でも利用できるバリアフリー木道となっている
御池田代
姫田代
上田代
ノメリ田代
横田代
天神田代
燧裏林道
1:00
1:10
0:40
0:30
1:00
0:45
スモウトリ田代
ウサギ田代
モーカケ沢
モーカケの滝
撫平
御池古道
硫黄沢橋
赤法華
赤法華沢橋
一号橋
二号橋
三号橋
四号橋
五号橋
沼田街道
2:10
1:40
広沢田代
0:50
0:35
1556.9
1572.9
1448
重兵衛池
メラッパシ田代
東ノ田代
1986
熊沢田代
1:50
1:20
涸れ沢を200m登っていく（足元注意）
燧ヶ岳
御池～沼山峠間は通年マイカー規制
福島県
檜枝岐村
柴安嵓
2356
0:20
俎嵓
2346.2
0:30
0:25
原見岩
御池岳
ナデッ窪分岐
ミノブチ岳
2249
赤ナグレ岳
3:10
3:55
見晴新道
荒れた急な道。登山初級者は長英新道へ
ナデッ窪道
2:50
2:00
長英（燧）新道
1:30
2:00
1824.6
抱返ノ滝
矢櫃平
0:45
0:30
尾瀬沼山峠
0:25
0:15
沼山峠展望台
沼山峠
0:25
0:30
小淵沢田代分岐
ヤナギランの丘
1801
大江湿原
0:50
0:40
沼尻
沼尻平
沼尻休憩所
0:40
北岸道
浅湖湿原
1:45
2:00
白砂峠
白砂湿原
小沼
0:15
1663
三本カラマツ
東岸分岐
尾瀬沼ビジターセンター
0:05
長蔵小屋
尾瀬沼
尾瀬沼東岸
1:00
0:45
小淵沢田代
尾瀬沼ヒュッテ
尾瀬沼キャンプ場
タソガレ田代
治右衛門池
0:40
群馬県
片品村
皿伏山分岐
0:20
南岸道
0:30
大清水平
1:10
0:55
皿伏山
1917.0
白尾山・富士見峠
尾瀬沼山荘
三平下
0:15
0:20
一ノ瀬・大清水
三平峠
1932.4
檜高山
P22-23
黒岩山・鬼怒沼湿原
352

9 沼山峠から尾瀬沼東岸往復

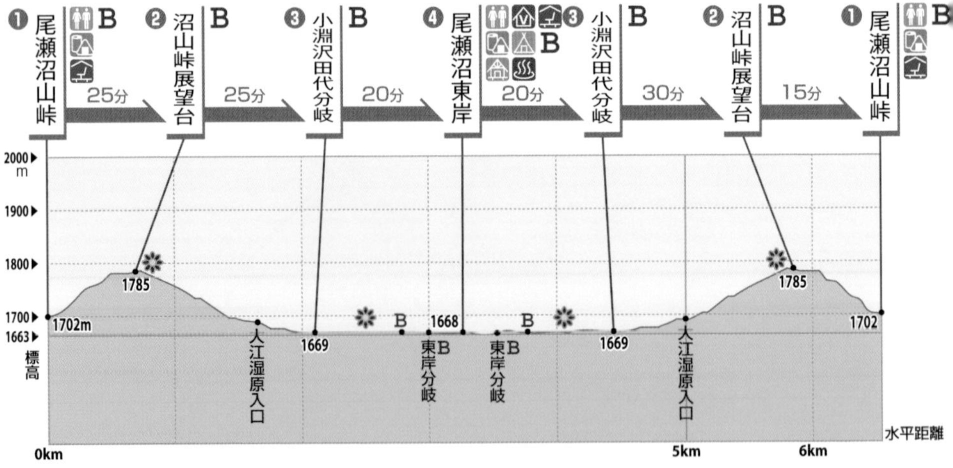

トイレ　売店　山小屋　ビジターセンター　キャンプ場　入浴のみ可　休憩所　花　B ベンチ

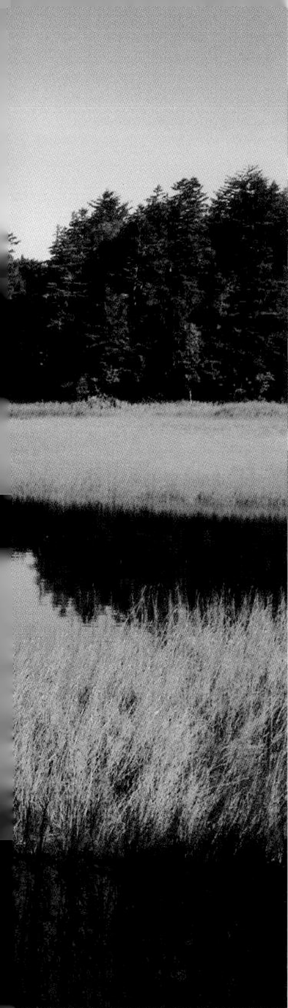

尾瀬沼東岸から沼に倒影する燧ヶ岳を見る

レベル	入門 ★
日　程	日帰りまたは 前夜泊日帰り
コースタイム	2時間15分
コース距離	6.5km
標高差	118m

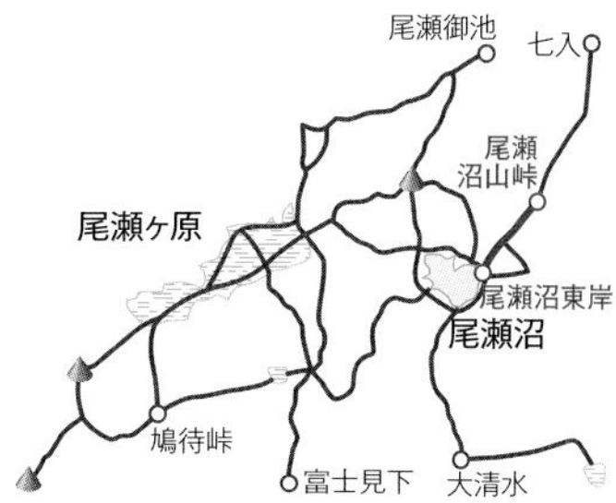

Map	P53
ハンディ Map	E-4

PLAN

福島県側の尾瀬の玄関口の沼山峠から、尾瀬を代表する景勝地、大江湿原・尾瀬沼を訪れる入門コース。沼山峠からのコースは尾瀬沼への最短コースで、道もよく整備されている。しかし、雨などで濡れていると樹林帯の木道や階段は滑りやすいので注意したい。ここでは首都圏を早発ちする日帰りプランとしているが、せっかくここまで来るならば山麓の檜枝岐村に前泊（あるいは後泊）して観光と組み合わせるか、尾瀬沼東岸の山小屋に宿泊する1泊2日のプランもおすすめだ。

コース情報

大江湿原は尾瀬沼周辺では最大の湿原で、7月中旬～下旬のニッコウキスゲの群落は尾瀬を代表する景観だ。また、尾瀬沼東岸からの燧ヶ岳や大江湿原、尾瀬沼の眺めもすばらしい。10月上旬～中旬には鮮やかな紅葉や草紅葉も堪能できる。

ニッコウキスゲと尾瀬沼の景観

沼山峠 ＞ 尾瀬沼東岸

御池からのシャトルバス終点❶**尾瀬沼山峠**には、公衆トイレや売店、ベンチもある。身支度を整えて出発しよう。

売店前の車道終点から樹林に入り、階段や木道を登っていく。登りが緩やかになり、前方が明るくなると沼山峠で、ここから少し下るとベンチがある❷**沼山峠展望台**に着く。以前は尾瀬沼が望めたが、現在は樹木が伸びほとんど見えない。ここから明るい樹間の道を下っていくと大江湿原に出る。

尾瀬沼山峠バス停に建つ山の駅沼山峠

大江湿原は尾瀬沼周辺では最大の湿原で、6月のミズバショウからレンゲツツジ、ニッコウキスゲ、オゼヌマアザミなど大小の花々

沼山峠にある尾瀬沼への登山口

ニッコウキスゲに彩られる大江湿原から見た尾瀬沼と三本カラマツ

が咲き競う。秋になると草紅葉から樹林の黄葉と、いつ訪れても楽しめる。なお、尾瀬は近年鹿によるミズバショウの食害が深刻化しており、湿原に鹿を入れないための柵が設置されている。

湿原の中央部に付けられた木道を進んでいくと、❸**小渕沢田代分岐**に出る。ここにはベンチもある。左へ小渕沢田代への道（P62コース11参照）を分け直進すると、今度は右に道が分かれる。この道は笹が茂る台地まで延びていて、尾瀬の自然を愛し、守った平野家代々の墓がある。この周辺は8月になる

沼山峠展望台。樹木が伸び眺めはよくない

とヤナギランが咲くことから、「ヤナギランの丘」とも呼ばれている。

分岐から湿原の由来となった大江川を渡り、右に回り込むように進むと左にベンチが現われる。ここは絶好のビューポイントなので、しばし休憩をとるとよいだろう。右には湿原越しに東北以北の最高峰である燧ヶ岳が、正面奥には大江湿原のシンボル的存在の三本カラマツが、そしてその奥には尾瀬沼が横たわっている。尾瀬沼は燧ヶ岳の噴火によって誕生した日本でも有数の高地にある湖で、標高1660m、周囲は約9㎞ある。大江湿原を代表する景観を楽しもう。

さらに花や眺望を楽しみながら湿原の左端を進むと、ベンチのある東岸分岐に着く。右は湿原を横切って沼尻へと通じる尾瀬沼北岸道だ。北岸道を見送って真っすぐ進むとほど

自然かんさつ手帳

大江湿原のニッコウキスゲ

朝開き、夕方にはしぼむ一日花

大江湿原は尾瀬を代表するニッコウキスゲの群落地。代表的な群落地は小渕沢田代分岐付近、ヤナギランの丘周辺、大江川を越えたベンチ付近から東岸分岐など。早い年には6月下旬頃から見られ、最盛期は7月中旬～下旬にかけて。ただし、毎年同じ場所で群生する所もあるが、数年ほとんど咲かない場所もある。近年は鹿の食害により花の数の減少が続いていたが、湿原入口への鹿除け柵の設置などにより、徐々にだが回復傾向にある。

東岸と北岸との分岐点。案内板の右方向が東岸への道

分岐点付近から大江湿原を振り返る

なく湿原は終わり、また道が二分する。直進する道は公衆トイレ前を通り、尾瀬沼ヒュッテ、キャンプ場への道。ここを右に進むと尾瀬沼ビジターセンター前の広場に出て、右手には長蔵小屋も建っている。**❹尾瀬沼東岸**に到着だ。

尾瀬沼東岸周辺散策

本来ならここから往路を引き返すことになるが、尾瀬沼東岸は見どころの多い場所なので、少し散策する時間をとっておきたい。

尾瀬沼畔へは広場から長蔵小屋の右横を通って、沼畔に建つ長蔵小屋無料休憩所前の広場に出る。広場の沼側には元長蔵小屋があり、休憩所との間にはベンチもある。ここからの眺めは尾瀬沼東岸を代表する景観で、沼越しの燧ヶ岳や大江湿原の眺めがすばらしい。

さらに元長蔵小屋前を通って東岸の南側に出ると歩道があり、通称、釜ッ堀りと呼ばれる湿原に出る。この湿原には6月、ミズバショウが群生する。湿原を進むと左右に道が分かれる。左は長蔵小屋前へ、右に歩いて樹林に入ると再び道が分かれる。右は三平下へ、左に行くと尾瀬沼ヒュッテ前に出る。ヒュッテ前にはベンチがあり眺めもよい。ヒュッテの先で道は三分し、右はキャンプ場へ、直進すれば大江湿原へ、左は尾瀬沼ビジターセンター前の広場に戻る。

尾瀬沼東岸 ＞ 沼山峠

充分に尾瀬沼東岸を楽しんだら、**❶尾瀬沼山峠**バス停へ引き返そう。**❷沼山峠展望台**への樹林中の登り下りでは、木道が濡れていると滑りやすい。特にミズバショウが咲く6月中旬頃は、まだ残雪上を歩く箇所も出てくるので、滑らないよう慎重に行動したい。

Pick Up ☞

尾瀬開拓の平野長蔵

1889（明治22）年、檜枝岐村から尾瀬入りした長蔵は、沼尻に居を構えて燧ヶ岳を開拓する。その後、長蔵小屋を建て入山者の世話をしながら尾瀬の電源開発反対運動や、国立公園選定のために尽力した。宿泊した学者の余分な植物採集には苦言を呈し、若い学生たちにマナーを説いた厳格な長蔵は、今も尾瀬開拓の第一人者として記憶されている。

長蔵小屋の前に立つ平野長蔵

大江湿原の中央を流れる大江川。フナやヒメマスの姿も観察できる

尾瀬沼ヒュッテ。全室個室で利用できる

10 沼山峠から尾瀬沼一周

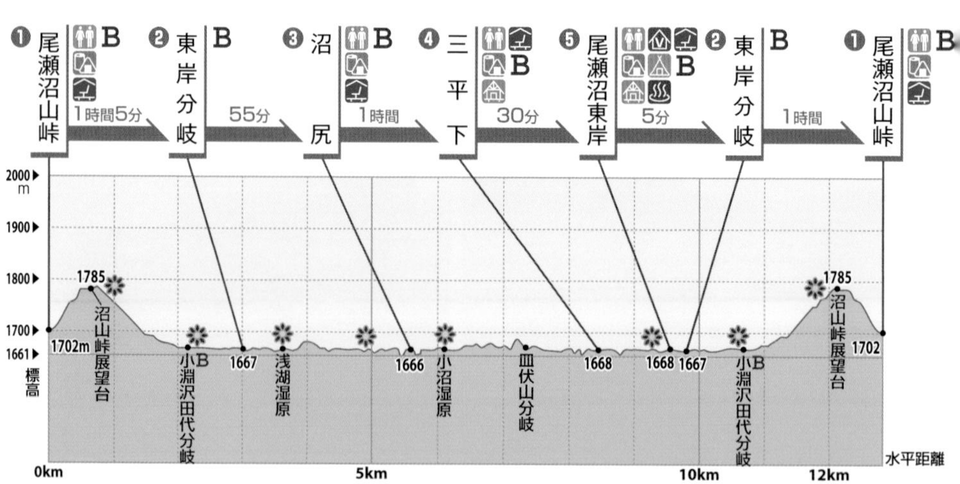

トイレ　売店　山小屋　ビジターセンター　キャンプ場　入浴のみ可　休憩所　花　B ベンチ

沼尻平の湿原から見た尾瀬沼。バックは東岸の山々

レベル	初級 ★★
日　程	前夜泊日帰り または日帰り
コースタイム	4時間35分
コース距離	12.8km
標高差	119m

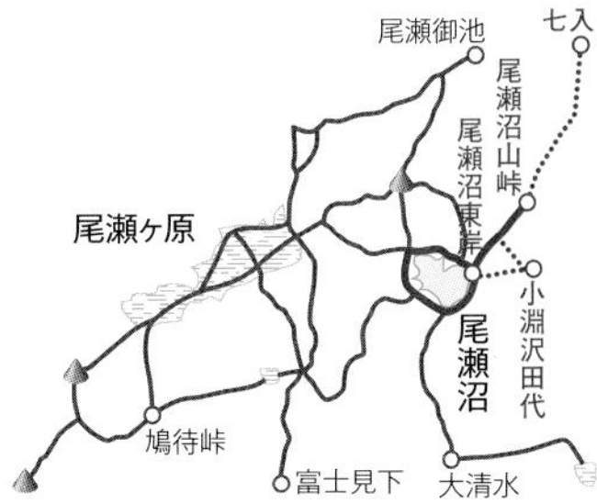

Map P53
ハンディMap E-4･5

PLAN

福島県側の沼山峠を起終点に、尾瀬を代表する景勝地の尾瀬沼を一周する。公共交通機関を利用した場合は御池で前泊するか、尾瀬沼東岸（あるいは三平下）で宿泊する。ただし、浅草駅金・土曜夜発の「尾瀬夜行号23:55」か御池まで車を利用して沼山峠を早朝に発てば、日帰りも可能だ。尾瀬沼周遊道は一周約9kmで高低差が少なく、道も南岸道と北岸道の一部以外はよく整備されている。沼畔まで樹林に覆われているが、小湿原も展開し、楽しい散策ができるコースだ。

コース情報

沼尻平は尾瀬沼周辺では大江湿原に次ぐ大きな湿原だ。湿原には池塘が点在し、春から夏にかけて次々と花が咲き競い、秋の草紅葉も美しい。ただし、三平下～沼尻間は歩きづらい箇所があるので注意。6月中旬頃までの樹林帯には残雪がある。

尾瀬沼の魅力を満喫する周回コース

沼山峠 ＞ 沼尻

❶尾瀬沼山峠バス停から樹林の中を木の階段や木道を登っていくと、ほどなく樹間が開けて沼山峠に着く。峠からは緩やかに下り、樹林を抜けるとベンチが設置された沼山峠展望台に着く。ここから明るい樹間の道を下れば大江湿原に出る。

展望や湿原植物を楽しみながら進めば小淵沢田代分岐に着く。左に道を分け、さらに右にヤナギランの丘への道を分ける。大江川を渡れば**❷東岸分岐**で、尾瀬沼周遊道に出合う。尾瀬沼一周は北岸回り、南岸回りと歩けるが、ここでは北岸回りを紹介する。ここから尾瀬沼東岸はわずかな距離なので、ゆっく

沼山峠の展望台ベンチ。ここから大江湿原へと下る

秋色の大江湿原。ダケカンバの紅葉が見事だ

り休んでから一周したい人は東岸発でもよいだろう。

沼尻へは大江湿原を横断していく。大江川を渡り、樹形が美しく尾瀬沼のシンボルとして親しまれている三本カラマツの横を進めば湿原は終わる。鹿除けの棚を通り抜けてうっそうとした樹林を行くと右に燧ヶ岳への長英新道が分かれ、すぐにまた湿原に出る。浅湖湿原だ。春はミズバショウ、夏にはワタスゲやニッコウキスゲの群生が見事で、秋は草紅葉が美しい。

湿原に入ると右上に燧ヶ岳が望め、左方には尾瀬沼が横たわっている。小川を越えると湿原は終わる。再び樹林に入り、これを抜けるとまた小湿原に出る。何度か樹林、湿原と繰り返しながら進む。

オンダシ沢を渡れば❸**沼尻**の湿原に到着だ。右上に燧ヶ岳、左に尾瀬沼を見ながら歩けば十字路になり、左の沼畔には沼尻休憩所が建っている。右は燧ヶ岳へ、直進は尾瀬ヶ原への道で、三平下へは左に行く。近くには池塘があり、池塘を巡る木道が敷かれているので歩いてみるのもよいだろう。池塘にはミツガシワやヒツジグサが生え、池塘越しの尾瀬沼も絵になる。休憩所前や内部にはベンチがあるので、ひと休みするのもよい。振り返ると燧ヶ岳が大きく望め、頂上にいる登山者も望見できる。

沼尻 ＞ 尾瀬沼東岸

休憩所を後に三平下方面へ向かうと、沼尻川水門に出る。尾瀬沼から唯一流れ出る川で、尾瀬ヶ原に流れ込んでいる。川を渡れば群馬県だ。樹林に入って少し登り、緩やかに下れば小沼湿原に出る。樹林に囲まれ、深山の雰囲気が漂う湿原だ。中央まで歩いて振り返ると、燧ヶ岳が高い。

再び樹林に入り、沼沿いを緩やかに登り、さらに少しの下りで尾瀬沼畔に出る。沼畔にはミズバショウが見られる。この先、沼畔を登り下りしながら進むと、右に大清水平、皿伏山を経て富士見峠へ至る道が分かれる（P92コース20参照）。分岐を過ぎ、沼沿いの単調な樹林の道を進めば、小さな小屋が見えてくる。尾瀬沼から発電用に取水するために建てられた発電小屋だ。

ここまで来れば三平下は近い。ほどなくベンチがある❹**三平下**の広場に出る。広場の上には尾瀬沼山荘と公衆トイレが、正面には休

北岸道から見た尾瀬沼の南岸方面。後方は皿伏山

夏の沼尻平分岐点。バックの山は燧ヶ岳

箱庭のようにかわいらしい小沼湿原をたどって南岸道へ

憩所が建っている。尾瀬沼越しには燧ヶ岳が美しい。広場から右に分かれる道は三平峠を越えて大清水へ向かう道だ（P64コース13の逆コース参照）。尾瀬沼東岸へは沼沿いの道を行く。すぐに湿原が現われ、春にはミズバショウ、初夏にはレンゲツツジが美しい。湿原を抜け、樹林の中を緩やかに登り、わずかに下ると分岐に出る。右は尾瀬沼ヒュッテ、左は長蔵小屋への道で、どちらを歩いても大江湿原に出られる。

分岐を左に進むと、すぐに湿原に出る。通称、釜ッ堀りと呼ばれる小湿原で、6月にはミズバショウが群生する。沼越しには燧ヶ岳や遠く景鶴山も望まれる。眺めを楽しみながら進むと、左に尾瀬沼東岸・長蔵小屋休憩所前の広場に出る道が分岐する。直進すれば長蔵小屋で、小屋前を抜ければ尾瀬沼ビジターセンターに着く。

時間があればビジターセンター内を見学したり、長蔵小屋休憩所横から沼越しに燧ヶ岳や大江湿原を眺めるとよい。ここは❺**尾瀬沼東岸**を代表するビューポイントで、いつ訪れてもすばらしい眺めが得られる。特に大江湿原に生える三本カラマツは印象的だ。

尾瀬沼東岸休憩所側のベンチ

尾瀬沼東岸 ＞ 沼山峠

沼山峠へはビジターセンター前から樹間を抜けて大江湿原に出る。湿原の木道を進めば往路で分かれたベンチがある❷**東岸分岐**だ。ここで尾瀬沼一周は終わる。後は歩いてきた道を❶**尾瀬沼山峠**バス停へと引き返す。

尾瀬沼東岸から見た燧ヶ岳。水面に映る逆さ燧が美しい

自然かんさつ手帳

尾瀬沼

標高約1660m、周囲約9kmある尾瀬沼は燧ヶ岳の溶岩流による堰止湖で、一番深い所で約10mある。沼畔まで樹林が生い茂り、大江湿原、浅湖湿原、沼尻平など、大小の湿原が点在し、ヒメマス、イワナ、フナなどが生息している。古くから会津と上州を結ぶ交易路（沼田街道もしくは会津街道）が開かれており、尾瀬沼は重要な中継地だった。

小沼湿原～皿伏山分岐間から見た尾瀬沼

11 ショートコース 大江湿原から小渕沢田代

Map P53
ハンディMap E-4

静かな小渕沢田代

コース距離	3.8km	コースタイム	1時間35分	標高差	210m

静かな湿原散策を楽しみたい人へ

尾瀬沼の東方に位置する小渕沢田代（こぶちざわたしろ）は花が多く見られる割に訪れる人は少ないので、静かな尾瀬を楽しみたい人向けだ。

大江湿原の小渕沢田代分岐から道標に従い小渕沢田代への道を行く。大江川を渡ると湿原は終わり、樹林の登りになる。緩やかに登っていくが、傾斜のある木道は滑りやすい。また倒木もあるので注意。

やがて道が平坦になると尾瀬沼東岸からの道を合わせ、左に行くと小渕沢田代に出る。湿原の中を進むと右に池塘が現われ、日光白根山が望める。さらに湿原の東端まで行き、振り返ると燧ヶ岳も雄大な姿を現わす。

尾瀬沼東岸への分岐まで戻り、左へ緩やかに登ってピーク状を越え、岩の露出した斜面をジグザグに下れば尾瀬沼キャンプ場に出る。キャンプ場を抜けて尾瀬沼ヒュッテを過ぎれば、尾瀬沼ビジターセンターに到着する。

大江湿原の小渕沢田代分岐で左へと進んでいく。小渕沢田代へは1.9㎞

6月の小渕沢田代の湿原で群落を形成するワタスゲの果穂

本コースのハイライト・
抱返ノ滝

12 ショートコース
沼山峠から七入へ下る

Map P53
ハンディMap E-3・4

コース距離	5.6km	コースタイム	2時間10分	標高差	630m

今は歩く人の少ないかつての街道

群馬県片品村から福島県檜枝岐村を結ぶ峠は、三平峠を越えて尾瀬沼を通過し、再び沼山峠を越えて七入（なないり）に至る。この道は群馬側では「会津街道」、福島側では「沼田街道」と呼ばれ、平安末期から人々の通行があった、尾瀬山中の街道である。江戸時代には双方が関所を設けて警戒。会津藩は大江湿原に防塁を築き、戊辰戦争時には群馬側の戸倉に攻め込んでいた。また、この道は御池や沼山峠までの車道が開通する以前は、福島県側の尾瀬へのメインルートでもあった。

尾瀬沼山峠バス停にある休憩所脇から山道に入る。オオシラビソ林の中を下っていくが、途中木の根元に小祠が鎮座し、歴史の道であったことを感じさせる。やがて植生はブナに変わり、道行沢（みちぎ）の源流帯へと入っていく。急な下りで抱返（だきかえり）ノ滝への分岐に出る。滝へは左に50mほど。

岩壁を伝うように落ちる滝を眺めたら分岐まで引き返し、急斜面を下っていく。道行沢五号橋を左岸に渡り、その後も道行沢を4回橋で渡りかえす。赤法華（あかほっけ）沢の橋を渡り、広葉樹林の道を行くと赤法華の開墾地に出る。シラカバ林を眺めながら硫黄沢を渡ると林道に出て、道なりに進むと国道352号上の七入に着く。

マイカー利用の場合は下山後にバスで御池に向かうか、時間に余裕があれば国道沿いに付けられた「御池古道」（約2時間30分）を歩くのもおすすめだ。

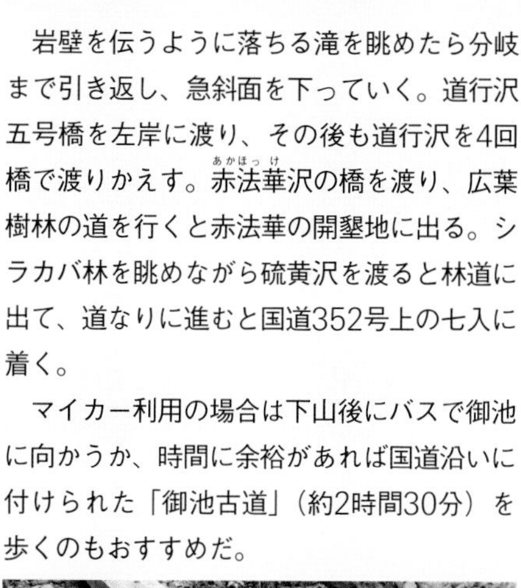

道行沢二号橋。同じような木橋を何度も渡る

13 尾瀬沼から尾瀬ヶ原横断

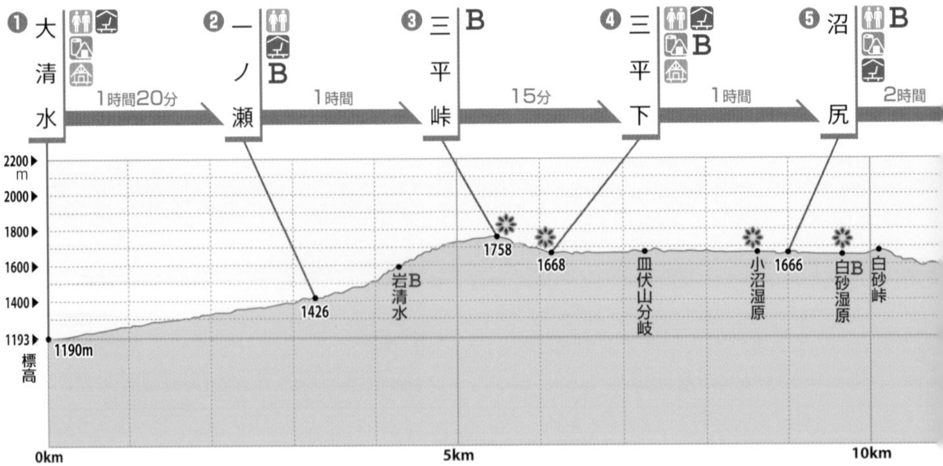

トイレ　売店　山小屋　ビジターセンター　キャンプ場　入浴のみ可　休憩所　花　B ベンチ

初秋の中田代・下ノ大堀付近の池塘で水生植物を見ながらひと休み

レベル	中級 ★★
日　程	前夜発1泊2日 または2泊3日
コースタイム	1日目＝5時間35分 2日目＝3時間15分
コース距離	22.3km
標高差	568m

Map P22-23､52-53

ハンディMap C-4･5､D-4､E-4～6

PLAN

群馬県側の大清水から入山し、尾瀬の二大景勝地、尾瀬沼と尾瀬ヶ原を同時に訪ね、鳩待峠へ下山する1泊2日のプラン。大清水から三平峠までは標高差約550mの登りが続くが、道はよく整備されている。また沼尻から見晴までは白砂峠に若干の登りがあるが、後は緩やかな下りが続き、道も比較的歩きやすい。今回は東京から夜行バスを利用して大清水を早朝に発ち、見晴で1泊としているが、ゆっくり楽しみたいなら尾瀬沼で1泊、尾瀬ヶ原で1泊する、2泊3日の行程にするとよい。

コース情報

湿原以外では岩清水周辺、ダンゴヤ沢～見晴間のブナ林（5月下旬～6月上旬の新緑と10月中旬の黄葉）がすばらしい。ただし、6月の中頃まで三平峠付近から三平下、南岸道、沼尻～見晴間の樹林帯では残雪があることが多いので注意したい。

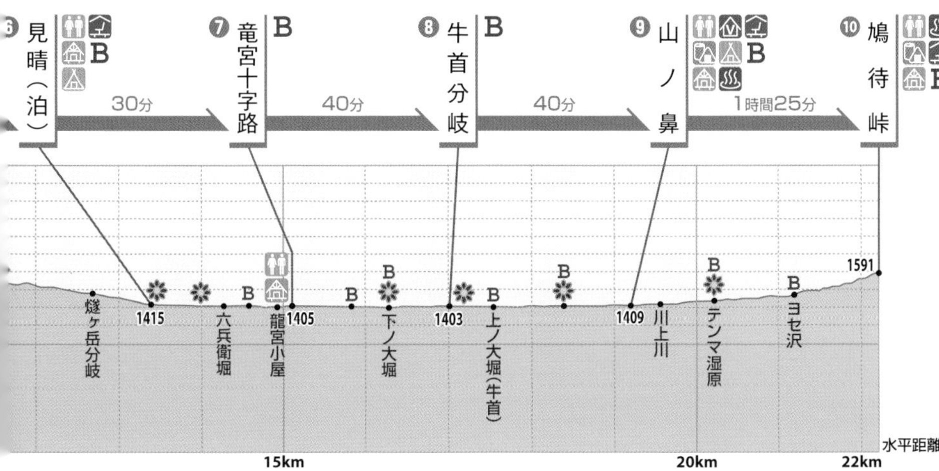

尾瀬の二大景勝地を行く ロングコース

大清水 ＞ 三平下

1日目／起点の❶**大清水**で身支度を整え、一ノ瀬に向け出発する。一ノ瀬へは徒歩以外に低公害バスも運行され、大幅に時間が短縮できる。

秋の三平下から望む尾瀬沼と燧ヶ岳

徒歩の場合は、公衆トイレ前から右下の駐車場への道を分け、車両止めのゲートを通っていく。ゲートを過ぎるとすぐ道が分かれる。右は奥鬼怒スーパー林道で、ここは直進する。林道を1時間半弱歩くと公衆トイレ、休憩所が建つ❷**一ノ瀬**に到着する。この先はいよいよ本格的な登りとなるので、ここでひと息いれるとよい。

休憩所の先で三平橋を渡ると、左に三平峠への登山道が現われる。冬路沢左岸沿いに進み、沢を渡ると見事なブナ林の中を登っていく。ひと登りするとベンチがある岩清水の水場に着く。湧き水で喉を潤し、小休止するとよい。さらに一段登ると林道跡で、ここにもベンチがある。続く急斜面のブナ林をジグザグに登って尾根上に出る。ここまで登れば傾斜は緩やかになり、尾根上を進むと南東方向が開けて赤城山が望める。針葉樹に変わった樹林の道をたどれば、やがてベンチのある❸**三平峠**に着く。峠からは緩やかに下って、短い急斜面を右手に下るようになると樹間から尾瀬沼が望める。さらに緩やかに下っていけば❹**三平下**に到着する。

三平峠へ向けてブナ林を登っていく

三平下 ＞ 沼尻 ＞ 見晴（泊）

ここから沼尻へは尾瀬沼周遊道（南岸道）を左に進む。ときどき樹間に燧ヶ岳を見ながら尾瀬沼沿いに進む。左に皿伏山への道を分け、なおも沼沿いにたどれば小沼湿原に出る。ここまで来れば沼尻は間近だ。湿原を歩いて樹林に入り、沼尻川を渡ると休憩所と公衆トイレの建つ❺**沼尻**に到着する。

見晴へは休憩所前から左に進む。湿原を抜

ワタスゲが咲く沼尻平。右は沼尻休憩所

白砂湿原の池塘を横目に白砂峠を目指す

尾瀬沼から尾瀬ヶ原横断

段小屋坂途中の見事な紅葉の中を行く

けて樹林に入り、緩やかに登って少し下ると小川に出る。川を渡れば白砂湿原だ。湿原には池塘があり、樹林に囲まれて深山の雰囲気を醸し出している。

白砂湿原に入ると右にベンチがある。湿原の中央に延びる木道を進むと、左右に池塘が現われ、その先にもベンチがある。この先で湿原は終わり、岩が露出した斜面を登ると白砂峠だ。峠から見晴までは、美しい樹林の中を行く、段小屋坂の緩やかな下りが続く。

やがて岩が露出した斜面を下っていくようになると、ダンゴヤ沢に出合う。沢を過ぎ、何度か小沢を越えれば、荒れた湿地に出る。続いてイヨドマリ沢を渡り、見事なブナ林を進んでいく。燧ヶ岳分岐に出れば、見晴は近い。ほどなく左にキャンプ場への道を分けると6軒の山小屋が建つ❻**見晴**に着く。

見晴 ＞ 山ノ鼻 ＞ 鳩待峠

2日目／山ノ鼻へは広大な尾瀬ヶ原を東から西へ横断する。湿原入口で右に三条ノ滝への道を分け、中央に延びる木道を行く。下田代を歩いて沼尻川を渡り、中田代に入って❼**竜宮十字路**へ出る。

ここは直進して竜宮現象（上記コラム参照）や下ノ大堀の景観を楽しみながら進めば❽**牛首分岐**に着く。なおも分岐を直進して上ノ大堀を渡り、上田代を歩いて川上川を渡ると、3軒の山小屋が建つ❾**山ノ鼻**だ。

山ノ鼻から左へ樹林に入り、川上川を渡る。鳩待峠へは約150mの標高差の登りとなる。ベンチで休みながら登っていくと❿**鳩待峠**バス停にたどり着く。

自然かんさつ手帳

竜宮現象

竜宮現象は、湿原を流れる川が一度地中に潜り、再び流れ出る現象で、竜宮十字路の西側で見ることができる。大正10年、関東水電(現東京電力)が尾瀬ヶ原をダム化する目的で測量に入った際に、長沢の水がすべて湿原にできた穴の中に流れ込むのが発見され、さらに50m反対側には地中から水が流れ出す穴が見つかった。当初はふたつの穴が通じているかどうかわからなかったが、後日の調査でつながっていることが証明された。名前の由来は、最初の発見の際に、案内人が「竜宮城まで通じているのだろう」とつぶやいたことによる。

竜宮現象の「湧出点」。水が底から湧き出る様子が観察できる

下ノ大堀近くの池塘から見た至仏山

山ノ鼻から鳩待峠へ登り山旅を終える

燧ヶ岳と尾瀬沼を眺めながらベンチで憩う登山者

14 滞在 尾瀬沼東岸

Map	P53、69
ハンディMap	E-4

コース距離	1.2km	コースタイム	東岸回遊 1時間	標高差	5m

PLAN

尾瀬沼東岸は、尾瀬沼を訪れる際の拠点だ。日帰りでも、尾瀬沼を訪問する際は必ずここを通ることになる。長蔵小屋、尾瀬沼ヒュッテの2軒の山小屋、尾瀬沼ビジターセンター、公衆トイレが建ち、キャンプ場もある。歴史的にも尾瀬開拓の先駆的で聖地的な深みがある。また、燧ヶ岳登山の拠点としても、尾瀬沼の美しさを語るにも、欠かせない重要な地でもある。東岸に至る最短コースとなる福島県側の沼山峠から1時間程で、通常日帰りの地ではあるが、朝夕の沼の景観を楽しみ、ゆったりと自然観察するにはぜひ1泊したいところ。

28区画のキャンプサイトがある尾瀬沼キャンプ場

尾瀬沼東岸入口。左は尾瀬沼ヒュッテ、右は長蔵小屋や尾瀬沼畔へ

尾瀬沼の中核をくまなく歩く

尾瀬沼周辺観察 ＞ 東岸の施設利用

尾瀬沼畔からの眺めはすばらしく、特に東岸北側からは大江湿原や燧ヶ岳が望め、朝夕や無風時など尾瀬沼に倒影する燧ヶ岳が美しい。大江湿原のシンボル的存在である三本カラマツや、大江湿原・尾瀬沼周遊道分岐付近のダケカンバが黄葉する秋の眺めも格別だ。そして一面朝霧に覆われた早朝、燧ヶ岳やカラマツなどが霧中に見え隠れする様子は幻想的で、霧が消え去るまで眺めていたい。朝霧は初夏から秋にかけて、最も発生しやすい。

また、尾瀬沼は北西方向の山が比較的低いため、美しい夕日が望める。尾瀬沼東岸、釜ッ堀り、大江湿原入口から尾瀬沼北岸道分岐付近にかけては、尾瀬沼上に沈む夕日が楽しめる。こうした朝夕の幻想的な光景は、山中泊でなければなかなか見ることはできない。

尾瀬の自然を紹介し保護する拠点、ビジターセンターには、自然をやさしく学べる展示コーノーがあり、スライドも上映されている(P70「Pick Up」参照)。

また、長蔵小屋は尾瀬の自然保護に尽力した平野長蔵が建てた尾瀬最古の山小屋で、コバ板屋根の重厚な建物は趣があり、風格がある。

明治23年創業、尾瀬でも最も古い山小屋のひとつ長蔵小屋

長蔵小屋の休憩室。宿泊者同士の会話も弾む

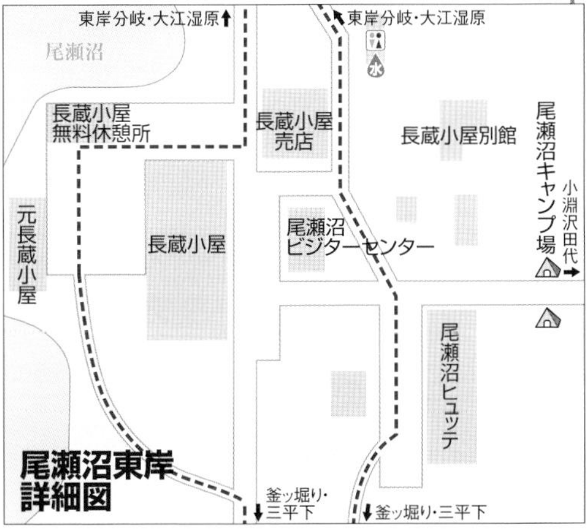

尾瀬沼東岸の歩き方

ミズバショウが咲く釜ッ堀りから望む尾瀬沼と燧ヶ岳

沼山峠を朝出発すれば、東岸には午前中に到着する。正午からの山小屋のチェックインを済ませた後、夕食まで尾瀬沼東岸周辺を散策してみよう。大江湿原方面に向かい、東岸分岐から沼尻方面へ木道をたどると三本カラマツのある湿原だ。沼をバックにしたカラマツの立ち姿が美しい。また、大江湿原に入り、湿原の花々や大江川の魚や水草観察も楽しい。

東岸に戻り、沼に沿って南へ釜ッ堀りへと向かう。いかつく重量感たっぷりの燧ヶ岳と鏡のように静まる湖面を見ることができる。

キャンプ場方面はうっそうとした針葉樹林帯で、夏も涼しい所だ。巨木が立ち並ぶ森林散策はまさに自然と同化するような気分になれる。

翌朝は早起きして朝霧の景観をぜひ見たい。夏なら日の出は4時過ぎ、霧に包まれた沼と燧ヶ岳が幻想的な姿を見せる。

尾瀬沼キャンプ場入口

Pick Up ☞

山の鼻／尾瀬沼ビジターセンター

自然豊かな尾瀬には自然保護を目的に尾瀬ヶ原の入口、山ノ鼻と尾瀬沼東岸にビジターセンターが建っている。館内には写真パネルや地形の模型、尾瀬の映像等が常設されて尾瀬の自然を詳しく知ることができる。開設期間は、登山シーズンとなる5月中旬から11月上旬までで（開設期間中は無休）、誰でも自由に入館できる（入館無料）。

開館期間中は職員が常駐し、本格的なシーズンに入ると朝夕は湿原での自然観察会、夜はスライド上映会などが催される（各種プログラムは、ビジターセンターのホームページに掲載されている）。また、センターの職員は尾瀬に精通しているので、花の情報などわからないことがあれば、気軽に尋ねてみるとよいだろう。

ビジターセンターは尾瀬の自然を紹介、保護する施設群の要（写真は尾瀬沼ビジターセンター）

ビジターセンターで行われるスライド映写会

大江湿原で見られるヒョウモンチョウ

尾瀬の山

燧ヶ岳・俎嵓から見た柴安嵓。
左手の遠景は尾瀬ヶ原と至仏山

15 鳩待峠から至仏山往復

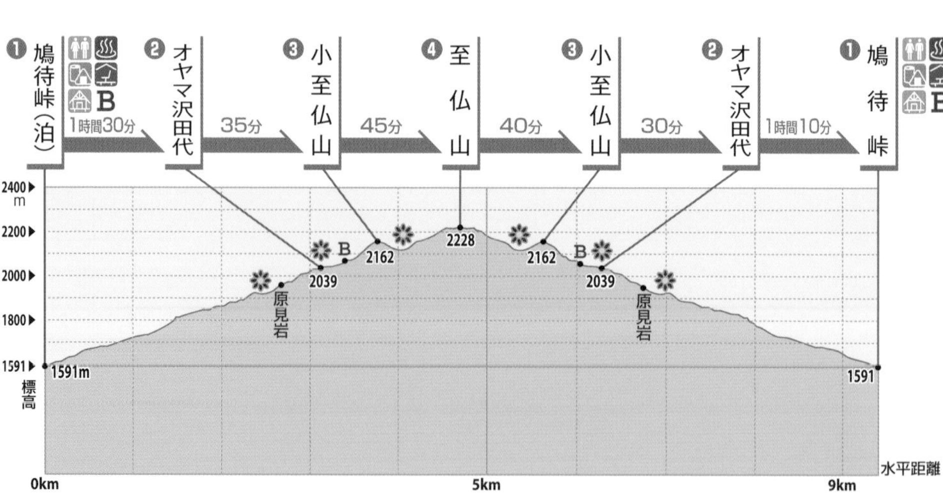

トイレ　売店　山小屋　ビジターセンター　キャンプ場　入浴のみ可　休憩所　✿ 花　B ベンチ

小至仏山近くから見上げた至仏山。
蛇紋岩の緩い岩尾根が続く

レベル	中級 ★★★
日程	前夜泊日帰り または日帰り
コースタイム	5時間10分
コース距離	9.3km
標高差	637m

Map P22
ハンディMap B-5·6、C-5·6

PLAN

鳩待峠を起点に、花の名山・至仏山（標高2228m）を往復する。全くの日帰りや夜行バスを利用した前夜発日帰りの登山者が多いが、今回は登山口の鳩待山荘に前泊するプランとした。というのは、コース中の小至仏山〜至仏山間は蛇紋岩の道で、非常に滑りやすい。特に下りは滑りやすく、予想以上に時間がかかることがある。日帰り登山では帰りのバスの時間の心配があるし、夜行バス利用では睡眠不足による事故も考えられる。前泊することにより、それらの不安が回避できるわけだ。

コース情報

至仏山は植物保護のため、登山解禁日は例年7月1日。この山の最大の楽しみは蛇紋岩帯に咲く貴重な高山植物。特産種のホソバヒナウスユキソウは7月上旬、オゼソウは7月中旬が最盛期となる。ただし、解禁日や週末は混雑することが予想される。

日本屈指の花の山を目指す

鳩待峠 ＞ オヤマ沢田代

❶鳩待峠（はとまちとうげ）にある至仏山（しぶつさん）への登山道入口は、鳩待山荘などが建つ広場の左側角にある。まずはブナやダケカンバの樹林内を緩やかに登っていく。ときどき溝状に掘れた歩きづらい箇所があるので、注意しながら進もう。木の階段を登ると樹間が開け、振り返ると燧ヶ岳が遠くに望める。ここからは尾根の左側をたどっていく。武尊山や笠ヶ岳（かさがたけ）が樹間から見え

鳩待峠西端にある至仏山への登山口

ている。尾根の右側を登るようになると湿地状のお花畑に出る。登山道脇には原見岩（はらみいわ）（トカゲ岩）の大岩があり、燧ヶ岳や尾瀬ヶ原が一望できる絶好の休憩ポイントだ。

鳩待峠から約3km、標高1980m地点のオヤマ沢源頭へ。水は飲用不適

草紅葉が広がるオヤマ沢田代。遠景は日光白根山

お花畑を登って少し下り、針葉樹の中を登っていくとオヤマ沢の源頭に着く。源頭を過ぎて登っていくと**❷オヤマ沢田代**(ざわたしろ)の湿原に出る。池塘がある傾斜湿原で、初夏にはワタスゲが、8月にはキンコウカが楽しめる。湿原の入口付近では右に燧ヶ岳、後方には日光白根山なども望める。

オヤマ沢田代 ＞ 至仏山

正面に小至仏山(こしぶつさん)を見ながら湿原を登り、樹林に入る。すぐに至仏山と笠ヶ岳への分岐に出るので、ここは直進する。尾根の右側を歩くようになると、小至仏山直下のお花畑に着く。夏にはオゼソウ、ハクサンコザクラなど色とりどりの花が咲く。ベンチがあり、燧ヶ岳や尾瀬ヶ原など眺めがよい。

コバイケイソウが咲く小至仏山直下のお花畑。尾瀬ヶ原と燧ヶ岳が遠くに見える

花や眺望を楽しみながら進み、木の階段を登ると岩稜歩きとなる。尾根の右側を歩いて尾根上に登れば**❸小至仏山**(こしぶつさん)の頂上に出る。展望は申し分なく、燧ヶ岳や尾瀬ヶ原はもちろん、目指す至仏山や谷川岳、上越の山々など360度の大展望が得られる。

展望を楽しんだら尾根の左側に回って斜面を下り、今度は砂礫(されき)の道を緩やかに登っていく。この砂礫の道は7月から8月にかけてホソバヒナウスユキソウ、キンロバイ、タカネ

自然かんさつ手帳

蛇紋岩と高山植物

岩間に咲くカトウハコベ

高山植物の宝庫・至仏山は、蛇紋岩で形成されている。蛇紋岩はマグネシウムの含有量が多く、溶け出したマグネシウムイオンが植物の生理現象を妨げる。また、風化しにくい岩質のために土壌の発達が悪い。そのため一般的な植物は生育しづらく、特有の植物が生育するようになった。蛇紋岩特有の花々は、小至仏山から至仏山頂上までの岩稜帯や高天ヶ原周辺に多く見られる。代表的な花はオゼソウ、ホソバヒナウスユキソウ、カトウハコベ、キンロバイなどだ。

小至仏山手前の蛇紋岩帯を滑落に注意して慎重に下る

ナデシコなど色とりどりの花が咲き競い、登山者を楽しませてくれる。花を楽しみながら登っていくと広い台地状の尾根となる。ここから頂上までは滑りやすい蛇紋岩を越えたり、岩の間を歩いたりする、歩きづらい道だ。

岩尾根を越えていくと、待望の至仏山の頂上が正面に現われる。尾根の左側に下り、再び登ると**❹至仏山**頂上だ。展望は小至仏山以上に雄大で、越後駒ヶ岳や平ヶ岳、会津駒ヶ岳など重畳たる山並みが楽しめる。ただ残念なのが、燧ヶ岳こそ正面に見えるが、尾瀬ヶ原の全貌が見えないことだ。なお、尾瀬ヶ原方面から見た優美な山容と異なり、頂上の左側（西側）はスパッと切れ落ちているので、近寄り過ぎないように注意したい。

至仏山 ＞ 鳩待峠

充分に展望を楽しんだら、往路を鳩待峠に引き返す。蛇紋岩の岩尾根は、登りより下りの方が滑って歩きづらい。慎重に下ろう。

山頂から少し下って尾根の右側を歩き、少し登って岩尾根を下ると砂礫の広い尾根となる。ここまでは登山者が多いときはすれ違いに苦労するが、お互いに譲り合ってスムーズに行き来できるようにしよう。

岩が積み重なる小至仏山頂上（右は至仏山）

正面に小至仏山や笠ヶ岳を見ながら砂礫の道をいったん下り、登っていくと**❸小至仏山**の頂上だ。眼下の鳩待峠は遠いが、あせらずに下っていこう。尾根の左側に出るとお花畑の上部で、難儀した蛇紋岩の道はここで終わる。木の階段を下って木道を行くとベンチに出る。お花畑はここまでだ。

樹林に入り、笠ヶ岳分岐を過ぎれば**❷オヤマ沢田代**だ。湿原を歩いて再び樹林に入り、下っていくとオヤマ沢源頭に着く。うっそうとした樹林を下って少し登り、また下っていくと原見岩のあるお花畑に出る。最後の眺望を楽しんで樹林に入り、尾根の右側をたどっていく。木の階段を下っていき、ブナやダケカンバが多くなると車の音が聞こえ出す。ゴールの**❶鳩待峠**は近い。

至仏山頂上を後に小至仏山に向けて下っていく

至仏山頂上は大勢の登山客で賑わう

16 鳩待峠から笠ヶ岳

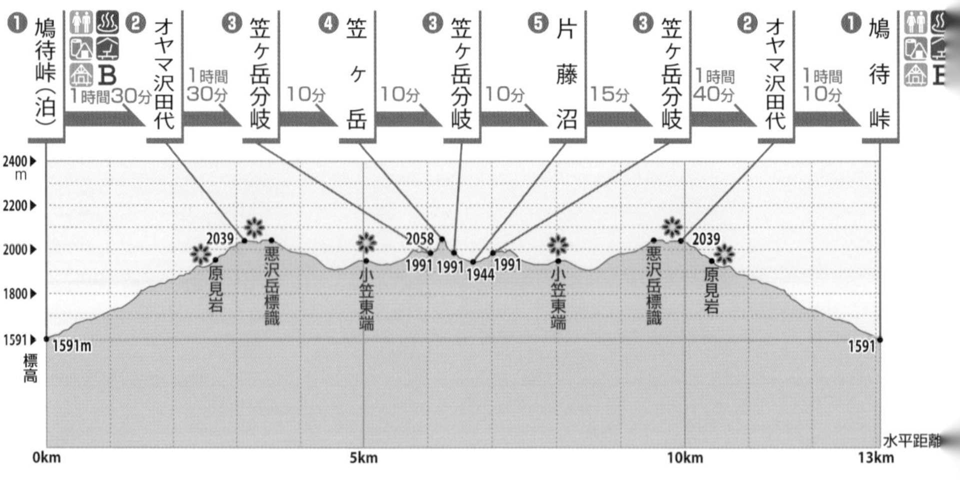

トイレ　売店　山小屋　ビジターセンター　キャンプ場　入浴のみ可　休憩所　✿ 花　B ベンチ

悪沢岳の下りからゆったりとした尾根づたいに笠ヶ岳（左奥）と小笠（その右）へ向かう

レベル	中級 ★★★
日　程	前夜泊日帰り または日帰り
コースタイム	6時間35分
コース距離	13.1km
標高差	467m

Map　P22＋分図①
ハンディ Map　B-5･6､C-5･6

PLAN

笠ヶ岳は尾瀬西方にそびえる標高2058mの山。やや離れているために登山者こそ少ないが、花と展望に恵まれた隠れた名山だ。ここでは鳩待峠から笠ヶ岳に登り、静かな片藤沼へ足を延ばすコースを紹介する。危険箇所こそ少ないコースだが、悪沢岳～笠ヶ岳間はアップダウンがややきつく、疲れていると復路の悪沢岳への登りが意外と堪える。前項の至仏山同様、鳩待峠を早朝に発てば日帰りは充分にできる山ではあるが、余裕を持って行動するには鳩待峠にある鳩待山荘に前泊したい。

コース情報

至仏山同様、登山解禁日は7月1日。笠ヶ岳も蛇紋岩から成る山で「ミニ至仏山」と称されるほど植生が似ているが至仏山ほど混雑しないので、ゆっくり高山植物が観察できる。ただしオヤマ沢田代～小笠間はぬかるみが多く、スパッツが欲しい。

大展望の頂と静寂の沼へ

鳩待峠 ＞ オヤマ沢田代

笠ヶ岳へは、至仏山（P72コース15参照）と同じコースをオヤマ沢田代まで登る。

❶鳩待峠の北西端から樹林に入る。周囲に針葉樹が多くなると、登りは次第に急になり、木の階段を登ると少し視界が開け尾根の左側を歩くようになる。ときおり樹間に目指す笠ヶ岳が姿を見せる。

尾根の右側を歩くようになると、原見岩（トカゲ岩）があるお花畑に出る。燧ヶ岳や尾瀬ヶ原を見ながら歩いて樹林に入り、緩やかに登ってオヤマ沢源頭を過ぎると池塘のある**❷オヤマ沢田代**だ。オヤマ沢田代を歩いて

原見岩（トカゲ岩）から眺めた尾瀬ヶ原と燧ヶ岳

樹林に入ると分岐があり、笠ヶ岳へは左の道に入っていく。

オヤマ沢田代 ＞ 笠ヶ岳

分岐からオヤマ沢田代の上端を回り込むように歩いていく。ときどき樹間の左手に湿原を見ながら行くと、悪沢岳の標識が立つ場所に出る。悪沢岳を過ぎると視界が開け、笠ヶ岳が正面に望める。笠ヶ岳手前に見える小突起は小笠だ。背の低い笹原の斜面を緩やかに下り、岩が露出したロープのある短い崩壊地を通過する。笹原を抜けるとぬかるんだ場所のある樹林に入る。しばらくで登りとなり、視界が開けると小笠の東端に出る。植生保護のため山頂には立てないが、東斜面はニッコウキスゲやウメバチソウなどのお花畑となっている。

ワタスゲが咲くオヤマ沢田代の小さな池塘群

笠ヶ岳分岐。笠ヶ岳の山頂へは左手の道に入る

お花畑の斜面を横切り、樹林内を下って今度は登りになると笠ヶ岳東端に出る。ここもお花畑になっている。イブキジャコウソウ、キンロバイ、ホソバヒナウスユキソウなどが咲き競う。花々を楽しみながら行くと❸**笠ヶ岳分岐**があり、笠ヶ岳山頂へは右の道に入る。

山頂へは、岩が露出した砂礫の道を登っていく。急斜面で浮き石も多いので、落石を起こさないよう、足元に注意して慎重に登っていく。登り着いた❹**笠ヶ岳**山頂からの展望はすばらしく、至仏山や谷川連峰をはじめ、武尊山、日光連山など360度の大展望が得られる。そして南側の眼下には、これから訪れる片藤沼のきらめく水面が樹林の中にぽっかりと見えている。

笠ヶ岳 ＞ 片藤沼

展望を楽しんだら笠ヶ岳分岐まで下る。砂

笠ヶ岳分岐〜笠ヶ岳間はガレ場の登り

笠ヶ岳分岐付近からの至仏山方面の眺望

蛇紋岩の巨岩が笠ヶ岳山頂だ。周辺は高山植物が豊富

礫の道は登り以上に下りが危険なだけに、慎重に下っていく必要がある。道の左右にはホソバヒナウスユキソウやキンロバイなどが咲いているが、花に魅かれてコース外に出ないようにしたい。

❸笠ヶ岳分岐に戻ったら山頂から見た片藤沼を見てこよう。往復30分ほどだ。分岐を右の道に入って樹林内をわずかに下ると**❺片藤沼**畔に着く。沼は一周できないが、樹林に囲まれて趣がある。振り返ると笠ヶ岳が頭上に大きい。右に延びる道は秘湯・湯の小屋温泉に向かっているが、やや長い道のりだ。

片藤沼 ▶ 鳩待峠

片藤沼を楽しんだら、**❸笠ヶ岳分岐**に戻る。笠ヶ岳への分岐からは往路を鳩待峠に戻る。花を楽しみながら笠ヶ岳の東斜面を歩いて樹林に下り、緩やかに登ると小笠のお花畑に出る。お花畑を横切って東端に出ると、左方に高く至仏山が望める。樹林を下って、ぬかるみのある道を緩やかに登っていくと笹原の斜面となる。

笠ヶ岳分岐付近のキンロバイ群落

斜行するように登って崩壊地を通り、再び笹原の斜面を登っていくと悪沢岳の標識に着く。

自然かんさつ手帳

「ミニ至仏」の笠ヶ岳

笠ヶ岳は至仏山の南に、形のよい三角錐の山体を見せる。至仏山も優美に裾を引く均整のとれた名山だ。また、中間点のオヤマ沢田代から南北に相似した稜線を持つ。そして決定的に似ているのが山の基盤が蛇紋岩で形成されているため、露出した岩には同じような塩基を好む豊富な高山植物が咲く。このため笠ヶ岳は「ミニ至仏」と呼ばれている。

蛇紋岩の笠ヶ岳山頂部に咲くヒメシャジン

ここまで登れば後は大きな登りはなく、負担から解放される。樹林の中を歩いていくと至仏山への分岐に出て、右に行けば**❷オヤマ沢田代**に着く。湿原を歩いて樹林に入り、下っていく。オヤマ沢源頭を過ぎ、樹林を下ると原見岩のあるお花畑に出る。尾瀬ヶ原や燧ヶ岳など、最後の展望を楽しんでいこう。なお、原見岩は蛇紋岩で滑りやすいので、岩の上に登ることは控えよう。

展望を楽しんだら再び樹林に入り、尾根の右側を歩いていく。やがて前方の視界が開け、燧ヶ岳が樹間から望める。ここから右下へ向かって木の階段を下っていく。溝状に掘れた歩きづらい道などを抜ければ、**❶鳩待峠**へと戻り着く。

片藤沼の鏡のような水面に映る樹林

17 御池から燧ヶ岳往復

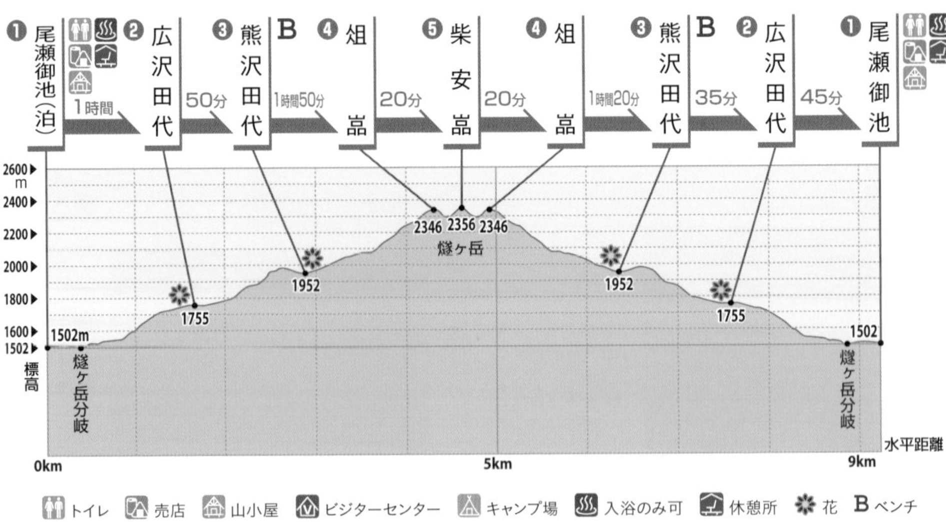

トイレ 売店 山小屋 ビジターセンター キャンプ場 入浴のみ可 休憩所 ✿ 花 B ベンチ

俎嵓からの燧ヶ岳最高峰・柴安嵓（右は平ヶ岳や越後三山）

Map P53
ハンディMap D-3·4、E-3

レベル	中級 ★★★
日程	前夜泊日帰り または日帰り
コースタイム	7時間
コース距離	9.3km
標高差	854m

PLAN

日本百名山かつ東北地方の最高峰である燧ヶ岳（標高2356m）。大展望が広がる山頂へは御池、尾瀬沼、見晴からの4本のコースがあるが、ここで紹介する福島県側の御池からのコースは、車利用なら早朝に首都圏を出発すれば唯一日帰りができる。ただし公共交通機関を利用する場合は御池に前泊する（浅草駅金・土曜夜発の「尾瀬夜行号」利用も可）。往復登山では物足りない人は、尾瀬沼に下り、尾瀬沼東岸を回って沼山峠に出るルートも考えられる（P84コース18参照）。

コース情報

途中にある広沢田代と熊沢田代の湿原は、急登が続く本コースのオアシス的存在だ。夏にはモウセンゴケ、ワタスゲ、キンコウカなどが彩りを添え、秋は草紅葉に萌える。コース上部の涸れ沢には7月下旬頃まで残雪があるので、登り下りとも要注意。

ふたつの傾斜湿原と大展望の山頂

御池 ▶ 熊沢田代

燧ヶ岳は東北地方の最高峰で、尾瀬のシンボル的存在の山だ。頂上は柴安嵓、俎嵓、御池岳、赤ナグレ岳、ミノブチ岳の5峰に分かれており、柴安嵓が最高峰となっている。

❶**尾瀬御池**バス停奥にある駐車場の西端まで歩くと、燧裏林道の入口があり、すぐ左に道が分かれる。この左に行く道が燧ヶ岳への御池登山道だ。オオシラビソなど針葉樹の中

御池から燧裏林道に入ると間もなく燧ヶ岳登山口が現われる

を緩やかに登っていくと、次第に傾斜が増してくる。傷んだ木道、岩や木の根が露出した歩きづらい箇所も出てくる。展望の利かない急斜面を登っていくと突然視界が開けて、湿

ふたつ目の台地状に広がる熊沢田代。龍がうねるような木道が美しい

原に出る。❷**広沢田代**に到着だ。樹林に囲まれた南北に細長い湿原だが、今まで薄暗い樹林中を歩いてきただけに、ひと際明るく感じられる。

湿原に延びる木道を進むと、左に池塘が現われる。池の縁を彩るモウセンゴケが見事だ。青い水、湿原、樹林の緑と美しいコントラストを見せている。池塘を過ぎ、右に回り込むように進むと湿原は終わる。再び岩や木の根が露出した急斜面を登ると❸**熊沢田代**の湿原に出る。熊沢田代は広大な傾斜湿原で、7月のワタスゲや8月のキンコウカ、9月の草紅葉は特にすばらしい。また、うねるように湿原に延びる木道も印象的だ。

熊沢田代 ＞ 俎嵓 ＞ 柴安嵓

木道を緩やかに下っていくと、ベンチのある池塘に出る。右前方には日本百名山の平ヶ岳が見える。池塘から緩やかに登り、斜上するように左に進んでいく。次に右に登っていくと湿原は終わる。尾根の左斜面を横切るように登り、何度か小沢や涸れ沢を越えていくと顕著な涸れ沢に出合う。道はこの涸れ沢を登っていく。約200m直上するこの沢は、年によっては7月下旬頃まで雪が残っているので、スリップしないよう慎重に登ろう。また、残雪がなくても浮き石が多い急斜面だけに、落石を起こさないように心がけたい。

広沢田代への登りは露出した岩など歩きづらい道

涸れ沢を登るとヤブに突き当たる。行く手を阻まれるが、ここは左の尾根上に登り、斜面のガレ場を横切る。ミヤマハンノキなど低木が生えた斜面を左方向に上がっていくとハイマツが現われ、尾根上に出る。尾根を左に登ると、岩が露出した❹**俎嵓**頂上に到着だ。頂上には祠と三角点がある。展望は申し分

台地状地形に広がる広沢田代。池塘が美しい

俎嵓下のガレ場の登り。木道が斜めになっている

涼風吹き抜ける真夏の俎嵓山頂で憩う登山者

なく、会津駒ヶ岳や平ヶ岳、日光連山などが一望のもと。特に印象的なのが、眼下に大きく広がる尾瀬沼と、燧ヶ岳の最高峰・柴安嵓の堂々たる姿だ。

展望を楽しんだら、柴安嵓を往復してこよう。岩床とハイマツの斜面を鞍部まで下り、深くえぐられた急斜面を登れば❺**柴安嵓**頂上だ。こちらも360度の大パノラマが広がっているが、尾瀬ヶ原の全貌と、その奥に優雅な姿を見せる至仏山はすばらしいのひと言だ。

柴安嵓 ＞ 俎嵓 ＞ 御池

充分に楽しんだら往路を引き返す。❹**俎嵓**から一段下り、尾根の右斜面を横切るように下っていく。ガレ場を横断すると涸れ沢に出る。落石に注意しながら200mほど慎重に下るとヤブに突き当たる。ヤブ上には「この先危険につき進入禁止」を示すビニールなどの紐が張ってある。

涸れ沢から左に上がり、何度か小沢を越え

自然かんさつ手帳

燧ヶ岳の「ヒウチ」って？

燧ヶ岳の「ヒウチ」とは、残雪期の6月頃、鍛冶屋などで使う「ひうちバサミ」の形をした雪が残るからとか、「火を噴く山」だったからともいわれている。檜枝岐村内のミニ尾瀬公園や中土合公園上部の展望台、キリンテから御池方面へ進んだ上ヨナゴ沢出合あたりまでの檜枝岐川沿いなどで燧ヶ岳が見えるので、確かめてみよう。ちなみに俎嵓・柴安嵓の「嵓」とは岩や岩稜の意味である。

燧ヶ岳に現われる「ひうちバサミ」の雪形（赤囲み部分）。実物と見比べてみよう。

て下っていくと❸**熊沢田代**だ。湿原を歩いて樹林に入り、急斜面を下ると❷**広沢田代**に出る。最後の眺望を楽しみながら湿原を行く。

湿原を過ぎると再び樹林の道となる。立ち木につかまったりしながら急斜面を下っていく。次第に傾斜も緩やかになり、ぬかるみのある道を行くとやがて木道となり、燧裏林道に出る。右に行けば御池の駐車場で、まっすぐ行けば山の駅御池前の❶**尾瀬御池**バス停に着く。

燧ヶ岳からの会津駒ヶ岳。平坦な頂上部が特徴

熊沢田代へ向けて涸れ沢を慎重に下っていく

18 尾瀬沼から燧ヶ岳

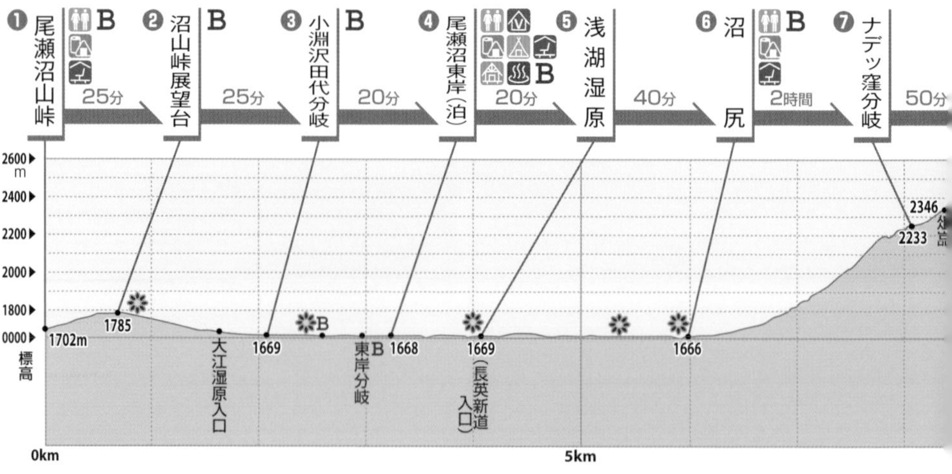

トイレ　売店　山小屋　ビジターセンター　キャンプ場　入浴のみ可　休憩所　花　B ベンチ

ナデッ窪上部から俯瞰した尾瀬沼。右下は沼尻、奥は奥日光の山々

レベル	上級 ★★★★
日程	1泊2日または前夜泊日帰り
コースタイム	1泊目＝1時間10分 2泊目＝7時間45分
コース距離	17.1km
標高差	690m

Map	P53
ハンディMap	D-4、E-4

PLAN

福島県側の尾瀬の玄関口・沼山峠から尾瀬沼畔の山小屋で1泊。翌日ハードなナデッ窪経由で燧ヶ岳に登り、長英新道を下って沼山峠へ戻る周回コース。山小屋に泊まることで、余分な荷物を預けて登山ができる。沼山峠早朝発なら日帰りも可能だが、休憩時間を含めると山中での行動時間が10時間近くかなりきつい（日帰りとはいえ檜枝岐村か御池での前泊が必要）。登路のナデッ窪は岩のゴロゴロした荒れた急登が続くだけに、登山経験の少ない人は下山路の長英新道の往復にする。

コース情報

燧ヶ岳の樹林帯では6月中はまだ残雪があると思ってよい。特に登路のナデッ窪道は7月上旬頃まで雪が残っていることが多い。残雪を見たら迷わず下山路の長英新道を登ろう。この時期に登るなら、念のために軽アイゼンを用意しておきたい。

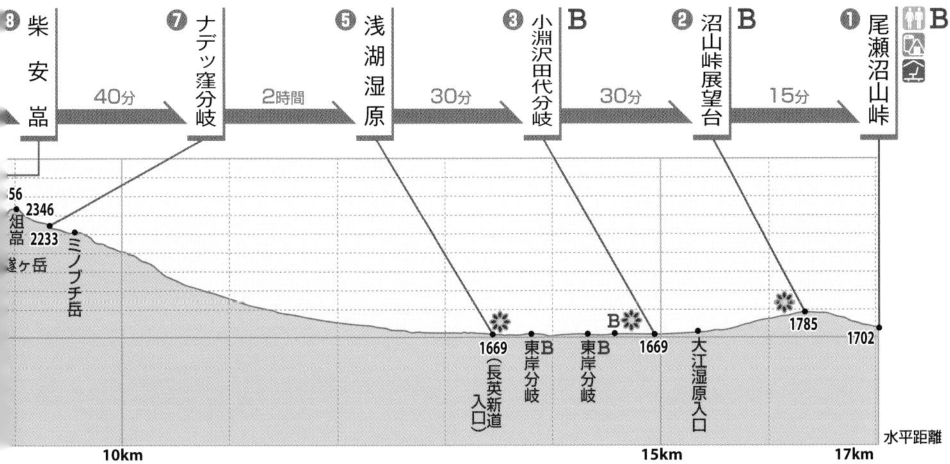

尾瀬沼畔で1泊し 燧ヶ岳に登る

長英新道上部のミノブチ岳から見た俎嵓

沼山峠 ＞ 尾瀬沼東岸（泊）

1日目／**❶尾瀬沼山峠**バス停でバスを降り、山の駅沼山峠前から樹林の中を登っていく。**❷沼山峠展望台**から尾根の左斜面を緩やかに下っていくと大江湿原に出る。**❸小渕沢田代分岐**を過ぎ、湿原に延びる木道を行く。湿原の左端をたどっていくと東岸分岐に出る。分岐を直進すると初日の宿泊地、**❹尾瀬沼東岸**に着く。ビジターセンターを見学したり、尾瀬沼周辺を散策するなどして明日に備えよう。

尾瀬沼東岸 ＞ ナデッ窪 ＞ 柴安嵓

2日目／燧ヶ岳へは尾瀬沼ビジターセンター横から大江湿原に出る。湿原を歩いていくとすぐに東岸分岐で、左の道に入る。大江湿原

大江湿原から見上げた燧ヶ岳。右から俎嵓、御池岳、赤ナグレ岳

浅湖湿原入口にある長英新道登山口

を横断し、樹林をたどると**❺浅湖湿原**の手前で再び道が分岐する。右の道が燧ヶ岳へ延びる長英新道で、下山路として使用する。ここは直進し、沼尻を目指す。

何度か小湿原を通り進み、オンダシ沢を越える。クロベが混じる樹林を行き、再び小湿原を過ぎると**❻沼尻**の休憩所前の十字路に出る。ここから右手のナデッ窪道に入る。ナデッ窪は急峻な涸れ沢の道で、苔むした岩が露出している。滑りやすいだけに、下りには利用しないこと。

十字路からの歩き始めは木道で、やがて山道に入る。初めは緩やかだが、徐々に傾斜が増してくる。足場を選び、慎重に登っていく。ストックはかえってバランスを崩すので、使わないほうがよいだろう。

周囲は樹林から背丈ほどの笹に変わるが、急登はまだ続く。やがて右手にミノブチ岳が見えてきて、もうひと登りで長英新道と合流する（**❼ナデッ窪分岐**）。ここでいったん緩

祠が置かれた俎嵓山頂。三角点も俎嵓に設置されている

尾瀬沼を見下ろすナデッ窪道上部

斜面になるが、御池岳との鞍部から岩が露出した砂礫の急登となり、登り切った地点が燧ヶ岳三角点の俎嵓山頂だ。展望は申し分なく、360度の大展望が得られる。いつ訪れても眼下に大きく横たわる尾瀬沼は印象的だ。尾瀬沼の手前には歩いてきた沼尻とこれから下るミノブチ岳が見えている。

せっかくここまで来たので、最高点の❽**柴安嵓**にも登ってこよう。往復1時間も見ておけば、ゆっくり眺望も楽しめるだろう。こちらは眼下に広がる尾瀬ヶ原と至仏山の見事な景観が楽しめる。

柴安嵓 ＞ 長英新道 ＞ 沼山峠

展望を楽しんだら俎嵓を経て、砂礫の急斜面を慎重に下り❼**ナデッ窪分岐**まで戻る。左手の長英新道に入り、ハイマツの尾根を進むと好展望のミノブチ岳で、ここで方向を左（東）に直角に変える。ハイマツの茂る短い急な下りから、ダケカンバの緩斜面の下りに変わる。

バイケイソウの湿地を経て、急な下りをこなしていく。途中に右下方に尾瀬沼を望む場所があるので、ひと休みしていこう。やがて傾斜は緩くなるが、道が溝状に掘れた箇所やぬかるんだ場所がある。道がほぼ平坦になり、木道に変わると間もなく往路の❺**浅湖湿原**の分岐に戻ってくる。

分岐を左に行き、鹿除け柵を抜けると大江湿原の南西端に出る。大江川を渡ってすぐの東岸分岐を左に曲がる。大江湿原の末端から❸**小淵沢田代分岐**を経て❷**沼山峠展望台**へと登っていき、最後に下っていくと❶**尾瀬沼山峠**バス停にたどり着く。

Pick Up ☞

長英新道

燧ヶ岳の登山道で最も古いのは、長蔵小屋創始者・平野長蔵が開いたナデッ窪道。しかし傾斜が強い沢沿いのため、戦後に安全な登山道として「長英新道」が付けられた。長蔵の子息、長英が小屋の従業員と苦労をしながら開削したことからその名がある。ほかに北側の御池を出発点とする登山道や見晴新道、温泉小屋道（廃道）も戦後に相次いで開かれた。

尾瀬沼をバックに長英新道に立つ開削者・平野長英

長英新道には合目標示があり、歩く際の目安になる

東岸分岐手前の三本カラマツ沿いを行く

19 燧ヶ岳と至仏山に登る

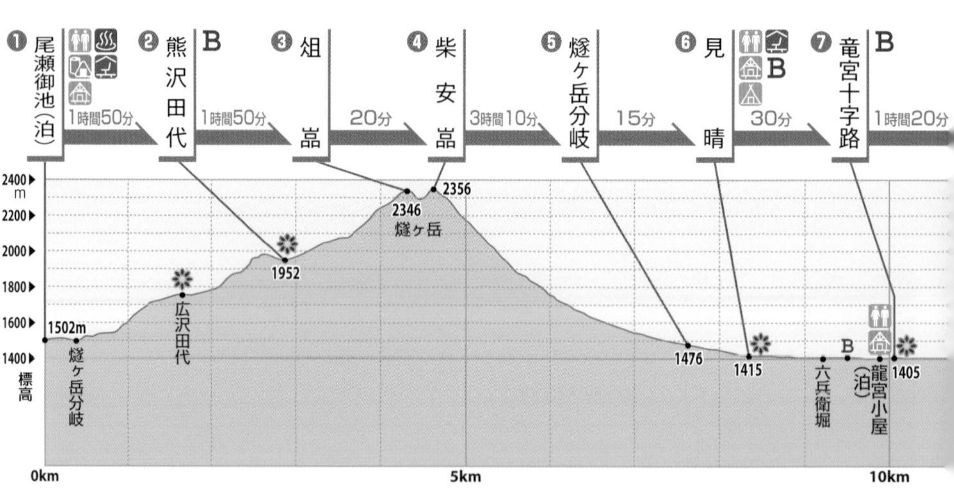

トイレ　売店　山小屋　ビジターセンター　キャンプ場　入浴のみ可　休憩所　花　B ベンチ

至仏山・高天ヶ原から振り返った朝の尾瀬ヶ原と燧ヶ岳

レベル	上級 ★★★★
日　程	前夜泊1泊2日 または前夜泊2泊3日
コースタイム	1日目＝7時間55分 2日目＝6時間5分
コース距離	21.5km
標高差	951m

Map	P52-53、22
ハンディMap	B-5･6、C-4～6、D-3･4、E-3

PLAN

燧ヶ岳と至仏山、尾瀬ヶ原を一度に楽しむ、欲張りかつハードなプラン。山麓の檜枝岐か登山口の御池に前泊し、翌日は燧ヶ岳に登り龍宮小屋で宿泊。2日目は至仏山へ登り、鳩待峠へ下る前夜泊1泊2日のプラン。初日は見晴新道の歩きづらい下り、2日目は至仏山への急登と小至仏山への蛇紋岩の道が思いのほか厳しい。至仏山は昼頃から天候が崩れやすく、龍宮小屋を未明（5時前後）には出発したい。御池に前泊し、見晴と山ノ鼻に宿泊する前夜泊2泊3日のプランにすれば、かなり余裕が持てる。

コース情報

頂上で眺望を楽しむなら、遅くとも午前10時頃までには頂上に立ちたい。どこの山に登っても、昼近くになると雲が出て視界が悪くなるからだ。また、至仏山の東面道は滑りやすい蛇紋岩の急斜面だけに慎重に登りたい。雨の後は特に注意が必要だ。

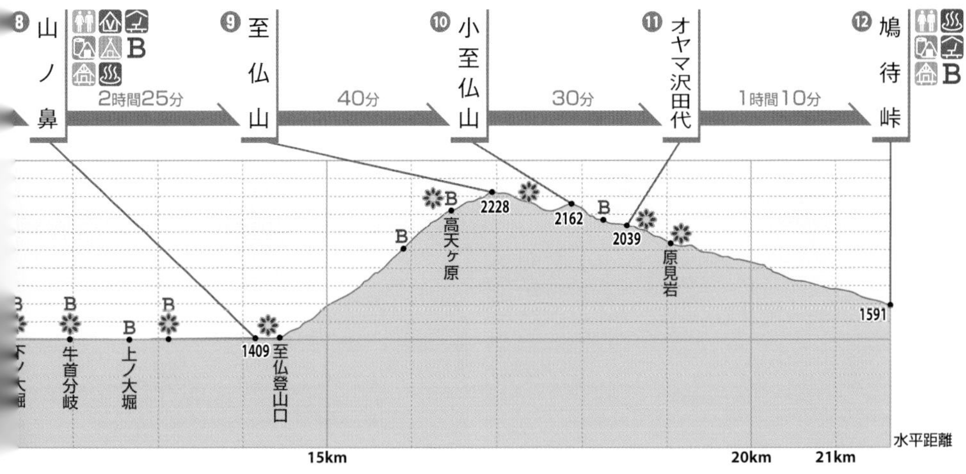

池塘の間を木道がつたう熊沢田代

尾瀬の百名山2峰を制覇する

御池 ＞ 柴安嵓

1日目／❶**尾瀬御池**バス停から御池駐車場内を抜け、燧裏林道へ。すぐ左の燧ヶ岳への道に入り、樹林中を登っていくと広沢田代に出る。湿原を歩き再び樹林に入り、高度をかせげば❷**熊沢田代**だ。湿原に延びる木道を進むと、やがて樹林に入る。小沢を何度か越え、浮き石の多い涸れ沢を200mほど直上する。ヤブで行く手を阻まれる場所に出るので、涸れ沢を離れ、左の尾根へ上がる。ガレ場を横切るように進み、尾根の左斜面を左上するように登って尾根上に出ると❸**俎嵓**山頂に出る。

俎嵓山頂に咲くミヤマキンバイ

眺望を楽しんだら、最高峰の柴安嵓に向かう。左に尾瀬沼への道を分けて、岩が積み重なったような岩場を下る。ハイマツ帯を下っていくと俎嵓との鞍部に出る。鞍部から砂礫の滑りやすい急斜面を登っていくと❹**柴安嵓**山頂に着く。振り返ると越えてきた俎嵓が大きい。眼下には広大な尾瀬ヶ原と至仏山がすばらしい。特に尾瀬ヶ原を帯状に縦横に走る拠水林や、無数に散らばる池塘が印象的だ。

見晴新道を下ると見晴側の燧ヶ岳分岐（登山口）に着く

柴安嵓 ＞ 見晴 ＞ 竜宮十字路（泊）

展望を楽しんだら、尾瀬ヶ原を目指して下っていく。ハイマツが茂った広い尾根の左端を行く。岩が露出した砂礫の道を下っていくと、巨岩が現われる。この岩は「原見岩」と呼ばれ、ここから下方では視界がなくなる。

原見岩からガレ場の短い急斜面を下ると、沢状の凹地となる。赤ナグレ沢の源頭で、見晴へはこの沢を右に下っていく。沢といっても水はまったく流れておらず、樹林が生えた凹地である。苔むした岩で滑りやすい箇所があるので、注意して下ろう。

樹林の中を下っていくと、ときどき樹間から至仏山も望める。岩やぬかるみなどで歩きづらい箇所を通過しながら下っていく。針葉樹が広葉樹に変わると傾斜は緩やかになり、道は左へ進んでいく。所々でぬかるんだ道をたどると、木道に出合う。ここが❺**燧ヶ岳分**

柴安嵓頂上から俯瞰した尾瀬ヶ原の全容。奥正面は至仏山

上田代から見た至仏山。頂上へ向かう登山道がよく見える

高天ヶ原のお花畑から見上げた至仏山頂上

岐で、見晴と沼尻、燧ヶ岳への道が分かれている。ここまで来ると見晴は近い。分岐を右に進み、左にキャンプ場への道を分けると6軒の山小屋のある❻**見晴**に着く。

山ノ鼻へは小屋群の中央を抜け、右に赤田代への道を分けて、湿原中央に延びる木道を行く。下田代を歩いて沼尻川を渡ると中田代。樹林の中を歩くと龍宮小屋があり、❼**竜宮十字路**は湿原を歩いた100m先だ。

竜宮十字路 ＞ 至仏山

2日目／小屋を後に山ノ鼻へ向かう。牛首分岐を直進し、上田代を抜けると❽**山ノ鼻**。ここから至仏山の東斜面を登るが、この道は植生保護などの理由で登り専用となっている。

至仏山へは至仏山荘前から西へ、植物研究見本園（P45コース7参照）へ向かう。右に見本園への周遊道を分け、ダケカンバ林を抜けると湿原が広がる。左右に湿原探勝の道を分け、樹林に入り木の階段を登る。ここから高天ヶ原までは急斜面の登りが続くのでマイペースで登っていこう。

石畳や階段を30分も登ると樹林を抜ける。

至仏山頂上の標石

ここが標高約1650m地点の森林限界で、山ノ鼻を早朝に発てば、すばらしい日の出を眺めることができる。

さらに階段や木道、クサリのある岩場、露岩帯などをひたすら登っていく。つらい登りだが、後方眼下に広がる尾瀬ヶ原と燧ヶ岳の景観や、道脇に咲くシブツアサツキ、クモイイカリソウなどの高山植物が目を楽しませてくれる。なおも同じような登りが続き、木の階段を登り切ると、ベンチのある高天ヶ原に着く。お花畑が広がり、ホソバヒナウスユキソウ、タカネシオガマ、ジョウシュウアズマギクなど花の種類は多く、眺めもよい所だ。

花を楽しみながら緩やかに登って広い尾根の左側を歩き、右に回り込むように登っていくと❾**至仏山**山頂に到着する。眺めは申し分なく、360度の大展望が得られる。

至仏山 ＞ オヤマ沢田代 ＞ 鳩待峠

山頂を後に、鳩待峠へは左に進む。滑りやすい蛇紋岩の岩場を歩いて砂礫の道を下り、緩やかに登ると❿**小至仏山**に着く。尾根の左側に回り込むとお花畑上部に出て、岩稜歩きは終わる。花を楽しみながら階段を下り、お花畑を過ぎると樹林に入っていく。右に笠ヶ岳への道を分けると⓫**オヤマ沢田代**に出る。

湿原を歩いて樹林に入り、オヤマ沢源頭を過ぎて下っていくとお花畑だ。原見岩で最後の眺望を楽しんで樹林に入り、尾根の右側をたどり、木の階段を下ってダケカンバやブナの林になると⓬**鳩待峠**バス停に着く。

小至仏山からは木段を下ってオヤマ沢田代（中景右）へ

20 大清水から皿伏山

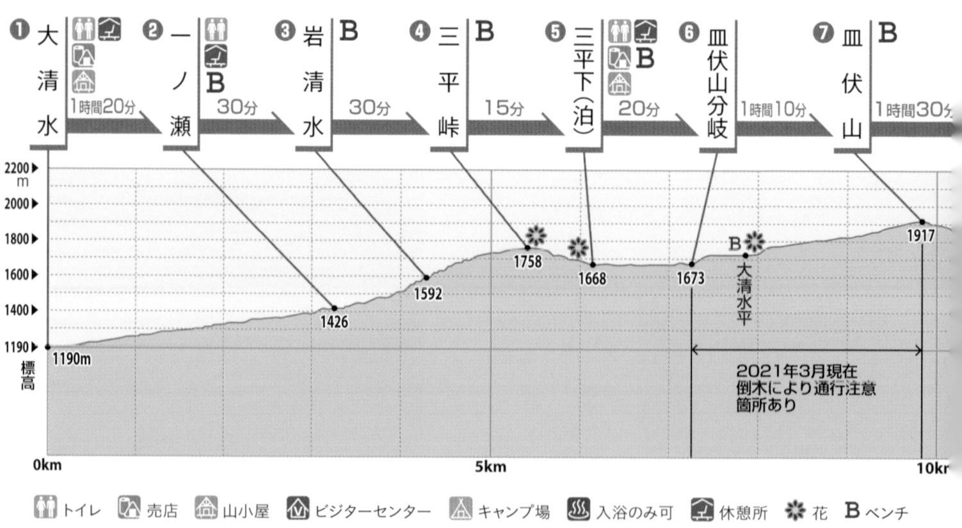

❶ 大清水
❷ 一ノ瀬
❸ 岩清水
❹ 三平峠
❺ 三平下（泊）
❻ 皿伏山分岐
❼ 皿伏山
1時間20分
30分
30分
15分
20分
1時間10分
1時間30分
2200 m
2000
1800
1600
1400
1190
標高
1190m
1426
1592
1758
1668
1673
大清水平
1917
2021年3月現在
倒木により通行注意
箇所あり
0km
5km
10km
トイレ
売店
山小屋
ビジターセンター
キャンプ場
入浴のみ可
休憩所
花
B ベンチ

大清水平の湿原。木道が皿伏山の稜線へと延びていく

レベル	上級 ★★★
日程	1泊2日または前夜発1泊2日
コースタイム	1日目＝2時間35分 2日目＝5時間40分
コース距離	20.5km
標高差	813m

PLAN

大清水から尾瀬沼畔の三平下に出て、翌日尾瀬沼西方の皿伏山(標高1917m・ぐんま百名山)に登り、富士見下へ抜ける1泊2日のプラン。静かな尾瀬を歩きたい人や、尾瀬の主要コースを歩き尽くした人向きだ。尾瀬沼以降は展望のない樹林歩きだが、途中には小湿原があり、尾瀬らしい雰囲気が味わえる。夜行バス利用で大清水を早発ちすればその日のうちに富士見下に行けるが、かなり忙しない。富士見小屋からは鳩待峠に下山か、長沢道または八木沢道を通り尾瀬ヶ原に下るのもよい。ただし後者はもう1泊必要。

コース情報

大清水平から皿伏山間の樹林帯は雨や曇りの日には迷いやすい所があるが、立ち木にペンキ印や赤布が付いているので、不安になったら目印を追って歩いていけばよい。コースの大半は展望が利かないが、白尾山の先で南方の視界が開ける。

Map P22-23＋分図②
ハンディMap D-5·6、E-4~6

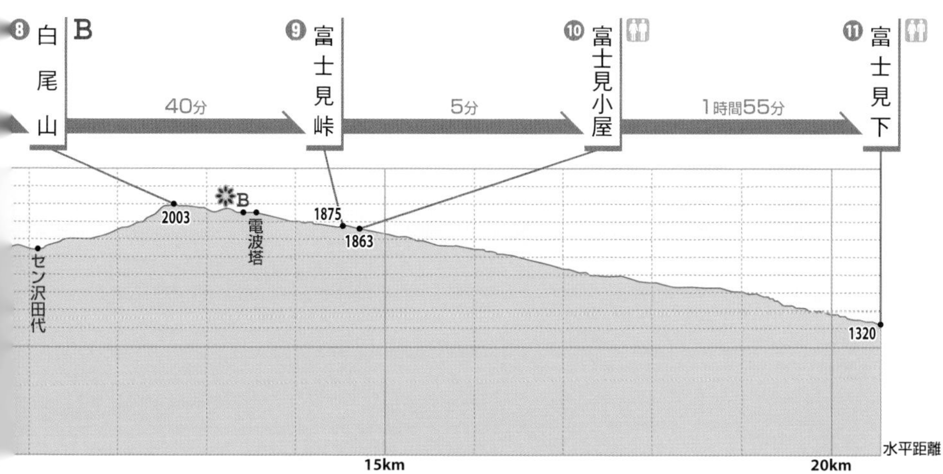

※2019年10月の台風により、本項の皿伏山分岐～大清水平～皿伏山間は倒木が多数生じている。2021年3月現在通行止めの処置は取られていないが、ルートがわかりづらく、状況判断に長けた人以外は同区間の通行を避け、富士見下～富士見峠～皿伏山間の往復にする。コース状況は片品村役場むらづくり観光課☎0278-58-2112へ。

樹木が色付く秋の三平峠手前の山腹道を行く

うっそうとした樹林に包まれた皿伏山頂上

静かなる尾瀬の外輪山を行く

大清水 ＞ 三平下（泊）

1日目／❶**大清水**バス停から公衆トイレ前の林道ゲートを通り右に奥鬼怒スーパー林道を分けて林道を行く。約1時間半歩けば休憩所や公衆トイレが建つ❷**一ノ瀬**に着く（大清水〜一ノ瀬間低公害バス運行）。三平橋を渡ると林道は終わり、左へ登山道に入っていく。冬路沢左岸沿いに歩き、木の橋を渡って、ブナ林の中を登っていくと❸**岩清水**に着く。道の左側から水が湧き出している。

一段上がると林道跡で、木の階段を登り、ブナ林の急斜面をジグザグに登ると尾根上に出る。明るい尾根上を右へオオシラビソなど針葉樹林の中を歩いていくと❹**三平峠**に着く。峠から緩やかに下ってさらに短い急斜面を下り、斜面を右、左、と横切るように下っていけば❺**三平下**に着く。宿泊する尾瀬沼山荘に荷物を置き、尾瀬沼周辺を散策しよう。

三平下 ＞ 皿伏山 ＞ 富士見小屋

2日目／歩き始めは尾瀬沼周遊道（南岸道）を行く。三平下の広場から左に進むと尾瀬沼の水を発電用に取水する発電小屋が現われる。沼沿いの樹林の中を進んでいくと❻**皿伏山分岐**で、皿伏山へは左の道へ進む。

緩やかに登っていくと（2021年3月現在倒木多く通行注意）森に囲まれた大清水平に出る。湿原には夏はトキソウやサワランなどが咲き、秋は草紅葉が美しい。

湿原の中ほどまで行くと右手の樹林越しに燧ヶ岳が見え、ほどなく湿原歩きは終わる。再び樹林に入って急な斜面を少し登ると、小さな湿原が現われる。湿原を過ぎ、深い樹林の中を緩やかに登っていく。コース中にはペンキ印や赤布が付いているので、迷うことはないだろう。左右に曲がりながらひたすら登ると突然ベンチのある❼**皿伏山**に着く。「ぐんま百名山」の一峰ながら頂上は樹林に囲まれ、残念ながら眺望は得られない。

頂上から道は左に進み、のち右へと下る。大きく蛇行しながら急斜面を下っていくとダケカンバが多くなり、緩やかな下りに転じる。笹に覆われたり、倒木やぬかるみもある道を進んでいくと、緩やかな登りに変わり、

南岸道の皿伏山分岐手前から望んだ尾瀬沼と燧ヶ岳

皿伏山分岐〜大清水平間の倒木帯

コース最高点・白尾山山頂。皿伏山と異なり明るい場所だ

白尾山へと登っていく。

やや急な斜面を登ると、一転してしばらくは緩やかになる。再び急斜面の登りとなり、周囲の樹林の背丈が低くなってくる。最後に短い急斜面を登って尾根の左側を行くと❽**白尾山**の標識が立つ、小さな広場に出る。本当の山頂は右上にあるが、道はない。この先は南側の眺めがよく、白尾山から尾根続きの荷鞍山や至仏山、笠ヶ岳、赤城山など上州の山が見える。眺めのない樹林帯を歩いてきただけに、感激もひとしおだ。

展望を楽しんだら富士見峠に向かう。明るい道を緩やかに上下しながら、何度か小湿原を通り抜けると電波塔が現われる。ここから幅広い林道状の道となり、緩やかに下っていくと❾**富士見峠**に着く。右の道は尾瀬ヶ原の見晴への八木沢道だ。峠を過ぎると❿**富士見小屋**（休業中）前の広場で、公衆トイレも建っている（ここにも富士見峠の標柱が立っている）。時間があれば西方にあるアヤメ平まで足を延ばして湿原や展望を、あるいは途中の富士見田代脇の池塘から燧ヶ岳を見てくるとよい。アヤメ平には約40分、池塘には約20分で往復できる。

富士見小屋 ＞ 富士見下

富士見小屋から富士見下へは、林道をひた

自然かんさつ手帳

皿伏山の平らな頂

尾瀬を囲む最古の山が至仏山。約200万年前に隆起したものだ。これ以外の、北の景鶴山、南のアヤメ平と皿伏山はその後に噴火で形成され火山だ。5万年前には燧ヶ岳が噴火して尾瀬の原型が作られた。燧ヶ岳は幾度も噴火したために複雑な形状となり、このほかの山々は溶岩の粘性が少ない楯状火山となった。平頂の皿伏山はよくそれを象徴している。

たおやかな形状を見せる皿伏山方面の山々（沼山峠展望台から）

すら下っていく。

林道を歩いてアヤメ平下を通り、ブナやナラの林間の道を緩やかに下っていくと、見事な巨木が林立する平坦地に出る。その先からは大きく蛇行しながら下り、最後に左に曲がるとクサリの張られた⓫**富士見下**のゲートに出る。道脇に駐車場がある。

なお、富士見下への林道歩きを避けたければ、富士見下に下るよりも1時間余計にかかるが、アヤメ平から横田代経由で鳩待峠に行くとよい（P34コース4の逆コース）。もう1泊できるのなら、富士見小屋から八木沢道を下って見晴へ行くか（P39コース5参照）、あるいは長沢新道から竜宮に出て（P40コース6の逆コース）、尾瀬ヶ原を楽しんで帰ってもいい。

白尾山と富士見峠間に現われる湿原。燧ヶ岳が姿を見せる

富士見峠。5分ほど西に下った富士見小屋にも「富士見峠」の標柱が立っている

21 大清水から鬼怒沼湿原

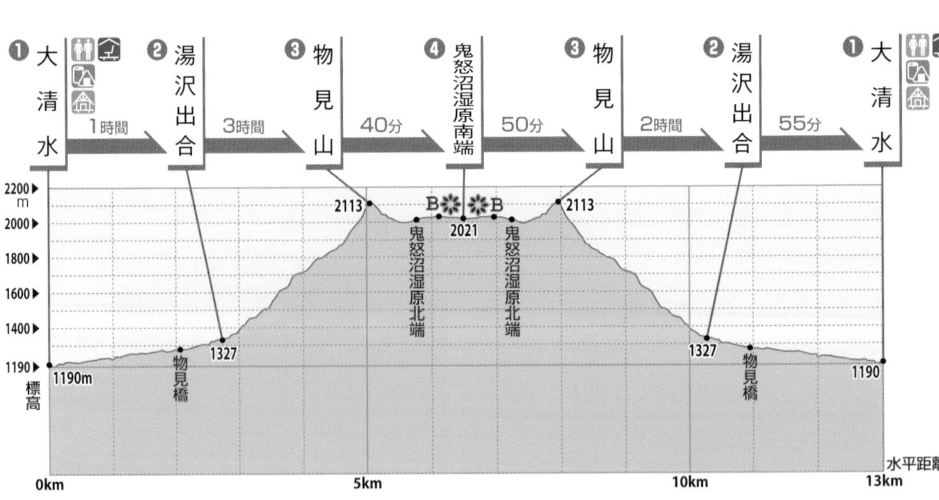

トイレ　売店　山小屋　ビジターセンター　キャンプ場　入浴のみ可　休憩所　花　B ベンチ

池塘のある鬼怒沼湿原から北側の鬼怒沼山方面を望む。道は湿原の南端方面に続いている

レベル	上級 ★★★★
日　程	前夜発日帰り
コースタイム	8時間25分
コース距離	13km
標高差	923m

Map P98
ハンディ Map E-6、F-6

PLAN

鬼怒沼湿原は大清水東方の標高約2000mにあり、モウセンゴケをはじめとする湿原植物が豊富な植生群落を成している。湿原へは尾瀬沼、奥鬼怒温泉郷、大清水から道が延びているが、ここでは大清水からの往復コースを紹介する。歩行時間が長いので、大清水へは夜行バスか車で早朝に着くようにしたい。車利用でなければ、湿原を南下して奥鬼怒温泉郷に抜けてもいい。湿原から日光沢温泉まで2時間、東武鬼怒川線鬼怒川温泉駅へのバス便がある女夫淵温泉へはさらに1時間30分の道程だ。

コース情報

湯沢出合から物見山までは急峻な尾根歩きが続く。高低差もあり思いのほかハードな登下降を強いられるので、万全の準備で臨みたい。苦労して登ってきただけに、明るい湿原に出た時の開放感は忘れられない思い出になるだろう。

ハードな登りの先に待つ雲上の湿原

大清水 ＞ 物見山 ＞ 鬼怒沼湿原

❶**大清水**の休憩所横から片品川に架かる大清水橋を渡り、根羽沢右岸沿いに延びる林道を行く。1時間近く歩くと視界が開け、湯沢に架かる物見橋を渡ると林道歩きは終わる。指導標に従って左へ進み小沢を渡る。カラマツ林を湯沢左岸沿いに行くと❷**湯沢出合**に着く。

湯沢を飛び石で徒渉するが、難しい場合は直接水流に靴を入れて渡る（増水時はここで引き返す）。徒渉後の尾根取付点には目印がなくわかりづらいが左寄りに登り、その先でテープに従い右手に折り返す。

登るにつれ尾根はだんだん狭くなり、岩や木の根が露出してくる。樹間がときどき開け、四郎岳や皿伏山が見える。

物見山へのハードな急登

ひたすら急斜面を登っていくと、やがて深い樹林となり、ようやく傾斜は緩まる。ここが❸**物見山**の頂上で、ここまで来れ

ば鬼怒沼湿原は近い。物見山の東側を右に回り込むように進み、細い水流を渡ると三差路に出る。右に木道を行けば待望の鬼怒沼湿原だ。

鬼怒沼は標高2000mを超える高所にある高層湿原で、長さは東西約400m、南北約700mにわたる。大小200以上の池塘が点在し、夏にはワタスゲなどの湿原植物が見られ、秋は草紅葉が美しい。そして燧ヶ岳や日光白根山などの眺望も楽しめる。

湿原に延びる木道を行くと、左に木道が分かれ、その先に東電巡視小屋（緊急時のみ使用可）が建っている。木道を直進すると大きな池塘が現われ、ベンチもある。このあたりが湿原のほぼ真ん中で、日光白根山や鬼怒沼山など奥日光の山々、歩いてきた物見山などが見渡せる。

草紅葉に染まる鬼怒沼の湿原から、高々とそびえる日光白根山を見る

ようやくたどり着いた物見山頂上は樹林の中だ

木道をさらに進むと分岐があり、ここを直進する。その先にある分岐が❹**鬼怒沼湿原南端**で、左の道に入る。なお、直進する道は奥鬼怒温泉郷へとつながっている。池塘や景観を楽しみながら歩いていくと最初の分岐に戻り、右に進めばベンチがある池塘に戻る。

鬼怒沼湿原 ＞ 大清水

充分に楽しんだら往路を戻る。湿原を出て三差路を左に取る。緩やかに登ると❸**物見山**山頂だ。ここから急斜面を慎重に下っていく。水音が聞こえると湯沢は間近で、❷**湯沢出合**まで下ればひと安心だ。あとは沢沿いに進み、林道を行けば❶**大清水**に帰り着く。

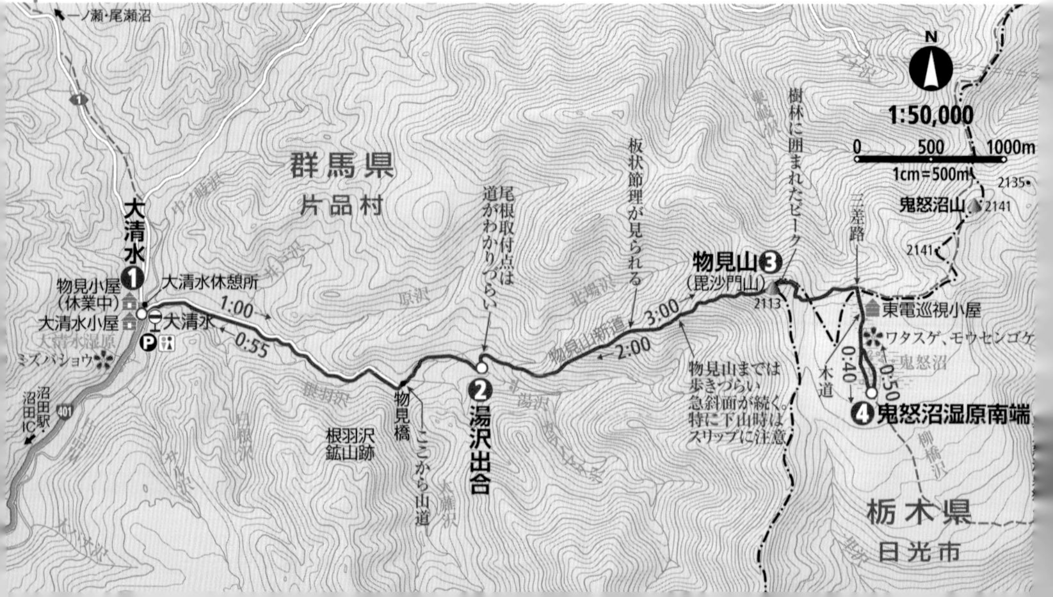

尾瀬周辺の山

会津駒ヶ岳北方の中門岳周辺は
ハクサンコザクラをはじめ花が多い

22 会津駒ヶ岳

標高 2133m
福島県

山頂一帯に広がる湿原を巡る日本百名山の山旅

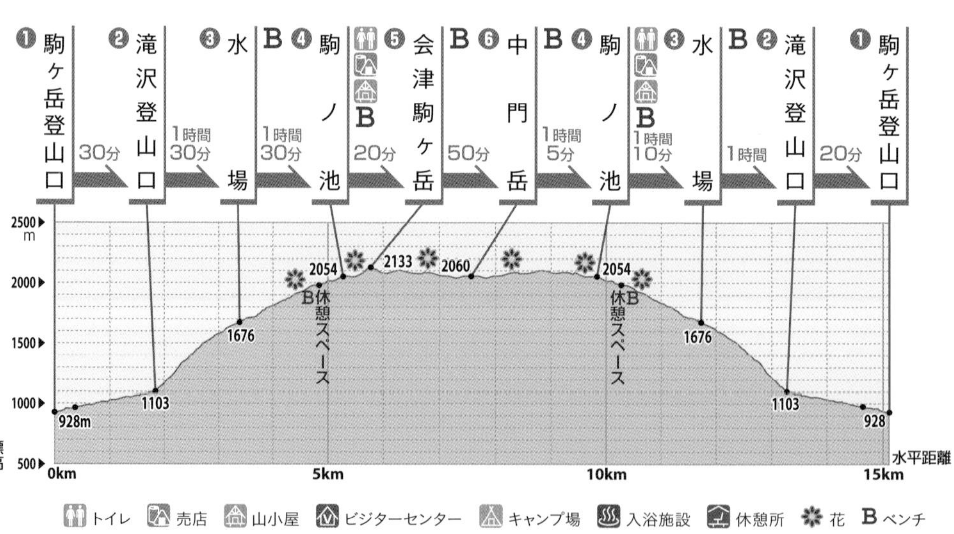

トイレ　売店　山小屋　ビジターセンター　キャンプ場　入浴施設　休憩所　花　B ベンチ

会津駒ヶ岳を投影する駒ノ池。池の周囲にはハクサンコザクラが群生する

レベル	日程	コースタイム	コース距離	標高差
上級 ★★★★	前夜泊日帰り	8時間15分	15.1km	1205m

問合せ先	
檜枝岐村観光課	☎ 0241-75-2503
会津乗合自動車(バス)	☎ 0241-62-0134
駒ノ小屋	☎ 080-2024-5375

PLAN

山中への登山道は3本あるが、メインとなる駒ヶ岳登山口からの往復コースを紹介する。首都圏から登山口までの距離が長いだけに、公共交通機関利用の場合は山麓の檜枝岐村の宿に前泊することになる。または山中に建つ駒ノ小屋（素泊まり）に宿泊してもよい。マイカーの場合は約1時間歩行時間が短縮できるので、健脚者なら日帰りも可能だ。

コース情報

登山適期は7月上旬〜10月下旬にかけて。花の見頃は7月中旬〜8月上旬、紅葉は9月下旬〜10月上旬がベスト。駒ノ小屋の営業期間は4月下旬〜10月下旬（要予約）。素泊まりだが、レトルト食品や水、飲み物を販売している。

登山口へのアクセス

公共交通機関

往復：野岩鉄道会津高原尾瀬口駅から会津乗合自動車バス（約1時間10分）で駒ヶ岳登山口へ。タクシーの場合は駒ヶ岳登山口から2km先の滝沢登山口まで入ることができる。

車

滝沢登山口へは東北道西那須野塩原ICを下車し、国道400・121・352号を経由して約88km先の檜枝岐村へ向かう。右に「尾瀬国立公園　会津駒ヶ岳滝沢登山口」の標識が立つ林道に入り約2kmで滝沢登山口だ。

駒ヶ岳登山口 ＞ 駒ノ池

日本百名山の一峰である会津駒ヶ岳は、尾瀬への北の玄関口として知られる福島県檜枝岐村市街の西方に位置する標高2133mの山だ。山頂部には広大な湿原が広がり、たくさんの花が見られる。なかでもハクサンコザクラはこの山を代表する名花で、7～8月にかけて湿原を飾る。また、夏の花に負けず劣らず秋の湿原も美しく、黄金色の草紅葉が尾根に彩りを添えている。

国道352号の滝沢橋そばにある❶**駒ヶ岳登山口**バス停が起点。滝沢沿いの林道を登っていく。途中ショートカットできる道があるが、どちらをたどってもそんなに時間は変わらない。30分ほどで駐車スペースのある❷**滝沢登山口**に着く。ここから稜線上の駒ノ池まで約1000mの標高差を登っていく。あせらず自分のペースで登って

登山届ポストのある滝沢登山口

会津駒ヶ岳山頂。主に南方向の展望が開けている

駒ノ小屋。ここで1泊するのもおすすめだ（宿泊料金は素泊まり3000円）

駒ノ池直下のお花畑。右上は会津駒ヶ岳山頂部

いこう。

滝沢登山口から急な階段を越え、美しいブナの原生林が広がる斜面をつづら折れに登っていく。針葉樹が混じるようになると、ベンチが置かれた広場に出る。ここはコース中唯一の❸**水場**(みずば)で、左手に3～4分下った所にある岩の間から清水が湧いている。

水場を後に、再び急な山道を登っていく。いつの間にか周囲は針葉樹林に変わり、着実に高度を上げていく。徐々に傾斜が緩やかになり、視界も次第に開けてくる。尾根の右側をたどっていくと、やがて小湿原が現われ、ベンチのある休憩スペースに出る。前方右手に目指す会津駒ヶ岳の山頂が望め、その左手の尾根上には駒ノ小屋も見えている。滝沢登山口からの厳しい登りも、ここでひと段落する。

登路に咲くウラジロヨウラク

休憩スペースから少し行くと、池塘のある広い湿原の中を進むようになる。左手には燧ヶ岳(ひうちがたけ)の双耳峰が、その右隣には至仏山(しぶつさん)が見える。湿原の花や展望を楽しみながら緩やかに登っていくと、まもなく主稜線上の❹**駒ノ池**(こまいけ)にたどり着く。池の周りにはテーブルとベンチが置かれ、池から一段高い場所に駒ノ小屋と公衆トイレが建っている。駒ノ池の水面に姿を映す会津駒ヶ岳は絶景だ。また池の周囲に広がる湿原は、7月から8月にかけてハクサンコザクラが見事な群落を作っている。

駒ノ池 ➤ 会津駒ヶ岳 ➤ 中門岳

駒ノ池の横を抜けて、会津駒ヶ岳へ向かう。丸く盛り上がる山頂部の左裾を回り込むように木道を進む。樹林に入ると分岐があり、右は会津駒ヶ岳山頂、直進する道は会津駒ヶ岳の西面を通って中門岳へと続く。分岐を右に折れ、少し登ると樹林を抜け、ほどな

自然かんさつ手帳

会津駒の花　ハクサンコザクラ

▶駒ノ池のハクサンコザクラ群生地　▼花は鮮やかなピンク色

7月から8月にかけて、山上の湿原にはさまざまな高山植物が咲き競うが、中でも目を引くのが、駒ノ池周辺の湿原をピンクに染めるハクサンコザクラ（白山小桜）だ。ハクサンコザクラはサクラソウ科の多年草で、主に高山帯の雪渓周辺や湿地に群生する。「ハクサン」の名の通り、白山（石川県・岐阜県）で最初に発見された。会津駒ヶ岳では駒ノ池周辺以外にも中門岳途中の湿原や、大津岐峠付近の草地でも見ることができる。

会津駒ヶ岳から中門岳方面に延びる木道

中門岳山頂も池塘の中にある。奥の双耳峰は燧ヶ岳

く❺**会津駒ヶ岳**山頂に着く。山頂は意外と狭く、樹林に遮られ360度の展望は得られないが、南方向に尾瀬や日光の山々が望める。

山頂から中門岳方面へわずかに下ると、先の分岐からの道が左から合流する。美しい池塘が点在する広大な尾根を、緩やかに上下しながら進む。このあたりの湿原には、コバイケイソウやイワイチョウ、ワタスゲ、モウセンゴケなど、多くの花が咲き誇る。

やがて大きな池塘がある中門池に着く。「中門岳」と書かれた標柱があるが、最高点はもう少し先にある。

池からさらに続く木道を緩やかに登ると、池塘がある平坦な湿原に出る。ここが❻**中門岳**の最高点で、池塘を一周する木道が敷かれている。背後に会津駒ヶ岳が、前方には三岩岳が見えている。

中門岳 ＞ 駒ノ池 ＞ 駒ヶ岳登山口

展望を満喫したら往路を戻るが、会津駒ヶ岳西面の山腹道を通れば、わずかだが時間が短縮できる。

23 田代山・帝釈山

標高 2060 m（帝釈山）
福島県・栃木県

広大な山頂湿原と大展望の鋭鋒。ふたつの頂を結ぶ

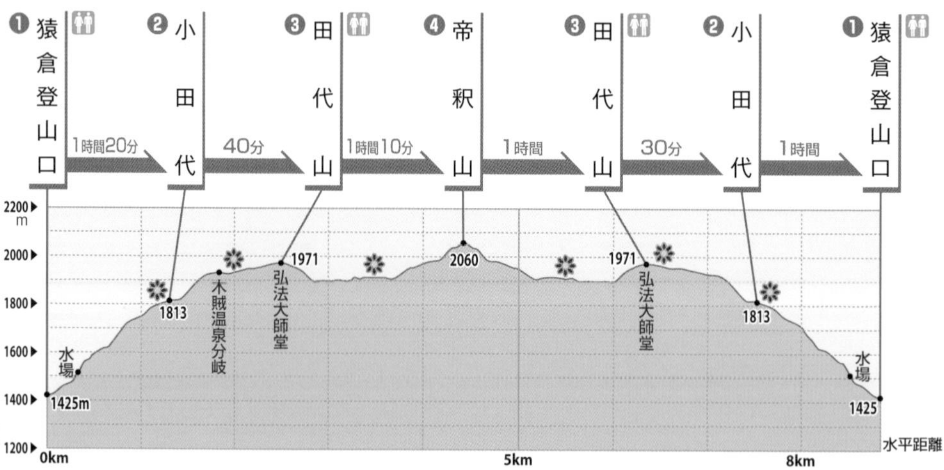

トイレ　売店　山小屋　ビジターセンター　キャンプ場　入浴施設　休憩所　花　B ベンチ

6月中旬のまだ緑の少ない田代山山頂湿原を歩く。頭をのぞかせる雪山は会津駒ヶ岳

レベル	日程	コースタイム	コース距離	標高差
中級 ★★★	前夜泊日帰り	5時間40分	8.8km	635m

問合せ先
南会津町観光物産協会舘岩観光センター ☎0241-64-5611
みなみあいづ観光（シャトルタクシー）☎0120-915-221
会津乗合自動車（バス）☎0241-62-0134
会津交通舘岩営業所（タクシー）☎0241-78-2017

PLAN

以前は公共交通利用の不便な山だったが、近年会津高原尾瀬口駅からのシャトルタクシーが運行されるようになり、だいぶ便利になった。シャトルタクシーは帝釈山登山口の馬坂峠への便もあるので、縦走もできる。ただしタクシーは会津高原尾瀬口駅9時発車のため、浅草発4時58分の列車に乗る必要がある。基本的にはマイカー向けの山だ。

コース情報

オサバグサが咲く6月中旬前後の田代山湿原はまだ春の装いで、その頃の田代山〜帝釈山間は残雪も見られる。緑の湿原を眺めるには6月下旬以降がおすすめだ。

登山口へのアクセス

公共交通機関

往復：野岩鉄道会津高原尾瀬口駅からシャトルタクシー（要予約）で猿倉登山口へ。タクシーは1日1便で6月中旬～10月下旬運行（2021年未定）。運行日以外は会津バスで舘岩観光案内所下車、予約のタクシーに乗り換える。

車

東北道西那須野塩原ICから国道400·121·352号を経由して湯ノ花温泉まで約65km。湯ノ花温泉から未舗装の道を15kmほどで猿倉登山口の無料駐車場に着く。駐車場は南北2カ所あるが、登山口は南側の駐車場（トイレは北側の駐車場）。

猿倉登山口 ＞ 田代山

福島県檜枝岐村の南東に連なるのが田代山と帝釈山だ。田代山は平らな山頂に湿原が広がり、帝釈山は展望に優れる。両山とも危険箇所はないが、6時間近く歩かなければならないため、体調を充分に整えてから入山してほしい。近年は熊の出没も多いようで、単独行の時や、平日の登山者が少ない時は鈴を付けるなどの対策をとったほうがいいだろう。

南側駐車場にある❶**猿倉登山口**から登山道に入ったらすぐに沢を渡り、沢を左手に見下ろしながら斜面を登る。沢から離れ、右手にある水場を通り過ぎると、山腹の急な登りが始まる。歩き出してまだ間もない急登に息が切れるが、尾根筋に出ればやや傾斜は緩くな

猿倉登山口に立つ大きな案内板

視界が開けると小田代は近い

コース下部の樹林帯は新緑が美しい

田代山の最高点に建つ弘法大師堂（田代山避難小屋）

って、樹間越しには日光連山や那須の山々が見えてくる。

周囲の樹高が低くなり、正面に台形の田代山頂上部が望めるようになると、そこはもう❷**小田代**の一角。コイワカガミやタテヤマリンドウなどの咲く小さな湿原には木道が敷かれ、小休止するにも格好の場所だ。

小田代の木道歩きが終われば再び樹林帯の急登が始まるが、ここまで来れば山頂湿原はもう近い。ひと汗かかされたころには樹林が消えて開放的な空間が広がり、木道を緩やかに登った所が田代山湿原だ。どこが頂上かわからないほどの広大さに、だれもが歓声を上げることだろう。北西に会津駒ヶ岳、南に日光連山が姿を見せるこの湿原には夏、キンコウカやワタスゲ、ハクサンシャクナゲ、ニッコウキスゲ、チングルマなどが色とりどりの花を咲かせている。

田代山湿原の木道は反時計回りの一方通行になっているので、周回路に突き当たったら右へと歩く。弘法池を右に見ながら周回すると、「田代山頂　1926米」と書かれた道標が現われるが、地形図上では最高点の1971mはこの先に立つ弘法大師堂（避難小屋）の地点となっている。

木道を半周し、樹林に入って少し歩けば、弘法大師堂の建つ❸**田代山**の最高点で、避難小屋でもある大師堂の向かいにはトイレが建っている。

田代山 ＞ 帝釈山

大師堂の脇から帝釈山に向かう。道はすぐに急な下りとなるが、6月の中旬頃ともなれば、早くもこのあたりから日本固有種・オサバグサの群落を見ることができる。他の山域ではほとんど見ることのできないオサバグサも、ここ帝釈山周辺では飽きるほど見られる。ただしオサバグサが咲く頃は、年によってはコース中に残雪が多く見られる時期でもある。スリップに注意して歩きたい。

◀木道が延びる広大な田代山山頂。右に弘法池、正面は会津駒ヶ岳　▲日本固有種のオサバグサ。帝釈山周辺は数少ない群生地だ

帝釈山から田代山を振り返る

道は樹林帯の中を、途中にあるピークの北面を通って帝釈山に向かう。しばらく歩くと道は最後の登りに入り、ハシゴの付けられた露岩もある痩せた尾根を登りきれば、当コースの最高峰、**❹帝釈山**（たいしゃくさん）だ。会津駒ヶ岳や燧ヶ岳、日光連山などの眺めを存分に楽しみたい。

稜線の樹林帯では6月でも残雪が見られる

帰りは往路を戻ることになるが、帝釈山へは頂上の南側、檜枝岐村の馬坂峠（うまさかとうげ）からも登路が通じている。峠から頂上まで約50分で登れるコースだ。広い駐車場もあり、オサバグサを見るだけなら、こちらのコースを歩くのがいいだろう。

Pick Up ☞

湯ノ花温泉と木賊温泉

田代山の北麓にある湯ノ花温泉、木賊（とくさ）温泉には共同浴場がある。湯ノ花温泉には弘法の湯など4施設があり、1枚200円の入浴券ですべての施設を利用することができる。木賊温泉には露天岩風呂（入浴料200円）と広瀬の湯（同300円）があるが、露天岩風呂は混浴。☎0241-64-5611（南会津町観光物産協会館岩観光センター）

木賊温泉の共同浴場・広瀬の湯

帝釈山頂上から見た燧ヶ岳(左)と平ヶ岳

24 七ヶ岳

標高 1636 m
福島県

黒森沢から山頂を目指し、全山縦走を楽しむ

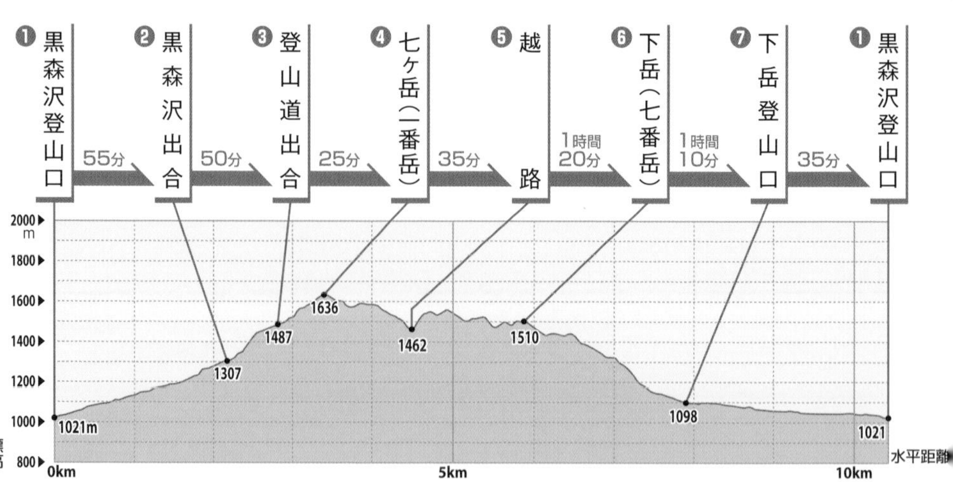

トイレ　売店　山小屋　ビジターセンター　キャンプ場　入浴施設　休憩所　花　B ベンチ

東側山麓から望む七ヶ岳の全貌

レベル
中級 ★★★

日程
日帰り

コースタイム
5時間50分

コース距離
10.4km

標高差
615m

問合せ先		
	南会津町商工観光課	☎ 0241-62-6100
	南会津町観光物産協会	☎ 0241-62-3000
	会津乗合自動車(バス)	☎ 0241-62-0134
	田島タクシー	☎ 0241-62-1130

PLAN

4本の登山道のうち、人気の高い羽塩登山口からのコースは平成27年9月の豪雨で平滑沢が流木で埋まり、復旧の見通が立たない。会津鉄道会津田島駅から針生の青少年旅行村まで会津バスの便があるが、バス停から黒森沢登山口まで5km強を歩かねばならず、マイカー利用が現実的。

コース情報

雪が消える5月下旬から紅葉の10月下旬までが登山適期。5月下旬からの新緑、6～8月の花、10月の紅葉を訪ねる山旅が楽しめる。登路の黒森沢は登山靴で問題なく歩けるが、ナメ滝では水流を避けて歩くこと。

登山口へのアクセス

公共交通機関

往復：会津鉄道会津田島駅からタクシー（約30分）で黒森沢登山口へ。復路のタクシーは予約しておきたい。下山時は下岳登山口からタクシーに乗車してもよい。

車

黒森沢登山口へは東北道西那須野塩原ICから国道400・121・289号で南会津町針生（はりゅう）へ向かい、広域林道七ヶ岳線に入り約5kmで着く。約10台分の駐車場がある（トイレはない）。

黒森沢コース ＞ 全山縦走コース

日本三百名山の七ヶ岳(ななつがたけ)は、南会津町田島の南方に恐竜の背のような峰々を連ね、『新編会津風土記』には「七峰相並び」と記されている。これが山名の由来だが、全山縦走してみると主なピークで11、数えようによっては13のピークを越える。登山口は羽塩(はねしお)、黒森沢(くろもりざわ)、高杖(たかつえ)、下岳(しもだけ)の４つがあるが、羽塩コースは平成27年9月の関東・東北豪雨によって流され、沢は流木で埋まり、復旧の見通しは立っていない。それ以外のコースは歩けるので、滝の

石のゴロゴロした賽の河原に出れば山頂は目の前だ

ある黒森沢コースと全山縦走コースをつなぐ周回コースを紹介しよう。

❶**黒森沢登山口**(くろもりざわとざんぐち)は、広域林道七ヶ岳線が黒森沢と出合う位置にある。登山口前の駐車ス

早朝の二番岳から雲海に覆われた田島方面を望む

黒森沢最初の見どころ護摩滝。フィックスロープを頼りに登る

ペースに駐車し、登山開始だ。雑木林の中を登っていけば、やがて❷**黒森沢**に下りていく。石の上を渡りながら登れば、護摩滝が現われる。落差約20mの二段の大滝で、コース最初の見どころだ。滝の脇にはフィックスロープがあるので、それを頼りに登れば危険はない。護摩滝の上はナメ滝が現われ、豊富な水量で流れている。

ナメ滝の上部で沢から左への❸**登山道**に入り、たかつえコース（「Pick Up」参照）と出合えば、その上部で賽の河原が現われる。ここからは一気に視界が開け、石がゴロゴロした斜面を登りつめれば、ほどなく一等三角点がある❹**七ヶ岳**の主峰、一番岳に着く。

眺めは360度。北側に目指す下岳方面の起伏が連なり、北西には飯豊連峰、西には駒・朝日山群が連なり、南西には帝釈山系の山々、南には荒海山とその奥に日光連山、東には那須、男鹿の峰々を望むことができる。大展望を楽しみながら、ゆっくり休もう。

下山は下岳方面に向かおう。三番岳の後で❺**越路**という鞍部に下り、急坂を登れば四番岳。さらにアップダウンを繰り返せば❻**下岳**とも呼ばれる七番岳に着く。ここは実際は9番目のピークだ。さらにふたつの小ピークを越え、分岐を左に下れば❼**下岳登山口**に着く。あとは林道を❶**黒森沢登山口**に戻るだけだ。

一番岳から望む二番岳、三番岳、四番岳の連なり

Pick Up

たかつえコース

会津アストリアホテル前のたかつえスキー場バス停から東進し、スキー場に延びる作業道をたどる。ゲレンデの中、作業道を登っていくとやがてシラカバが多くなり、登山道入口の道標が現われる。尾根に出て電波塔直下から東に折れ、雑木林の中を緩く下って登り返せば、紹介コースの賽の河原に合流する。

山頂から遥か西方の燧ヶ岳と会津駒ヶ岳を望む

国道289号・針生
国道289号
黒森沢
箕沢
黒森山 1075
1034
会津山村道場駅
1054
1004
姥神沢
広域林道七ヶ岳線
富貴沢林道
0.35
0.40
7 下岳登山口
1043
黒森沢登山口 1
P
1102
下岳登山口〜黒森沢登山口間は広域林道を歩く
駐車スペースあり
1.10
1.30
急な下り
1193
赤芝沢
1198
分岐を左へ
1326
古今（古内）登山口
福島県
南会津町
全山縦走コース
さらにピークを2つ越える
1168
1132
1274
黒森沢コース
1509.8
6 下岳（七番岳）
1540
0.55
0.50
六番岳
五番岳
笹やぶ濃い
1.20
1220
1558
四番岳
1582
黒森沢出合 2
固定ロープを伝って登る
護摩滝
ナメ滝
0.50
0.40
0.35
0.40
5 越路
三番岳
1602
登山道出合 3
1293
二番岳
七ヶ岳
0.25
0.15
1205
1638
1636
4 七ヶ岳（一番岳）
電波塔
たかつえコース
賽の河原
2021年3月現在通行止め
1374
1188
七ヶ岳登山口
一等三角点。360度の展望
丸山 1552
1168
羽塩コース
羽塩登山口
P
程窪沢
1058
分図
たかつえスキー場〜七ヶ岳間登り約2時間、下り約1時間40分
七ヶ岳登山口
1217
1145
1042
1372
たかつえスキー場
たかつえ温泉しらかばの湯
1日1便のみ
八総バス停・国道352号へ
会津高原たかつえスキー場
1148
南会津町
N
1:40,000
0 250 500m
1cm=400m
アストリアホテル
アストリアロッジ
門倉山
1264
1094
N
1:30,000
0 250 500m
1cm=300m

25 大博多山

標高 1315m
福島県

一等三角点があるブナに覆われた静かな山

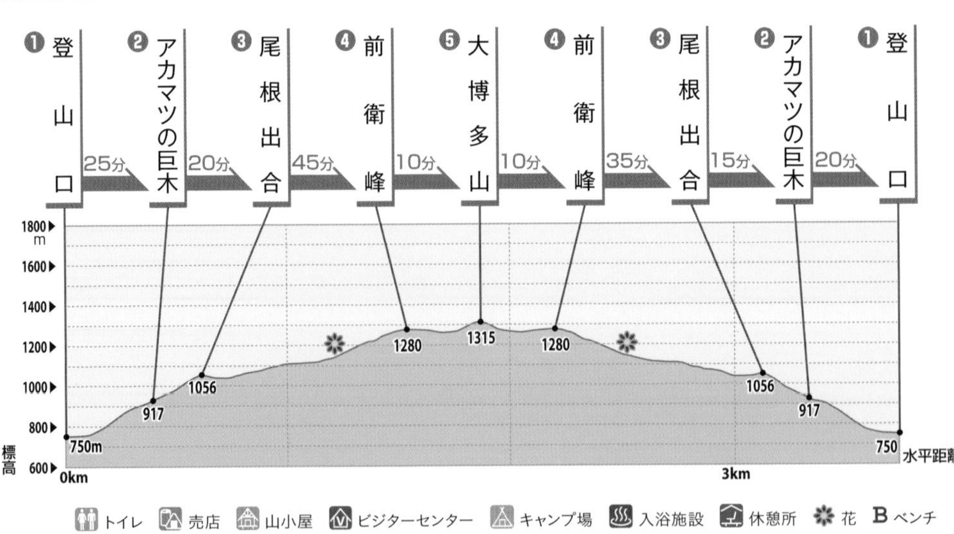

トイレ 売店 山小屋 ビジターセンター キャンプ場 入浴施設 休憩所 花 B ベンチ

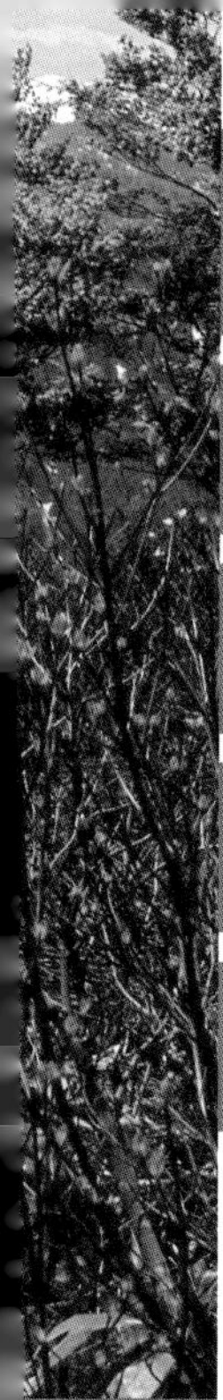

大博多山山頂から南側には長い尾根を伸ばす丸山が望める

レベル	
初級	★★
日程	前夜泊日帰り
コースタイム	3時間
コース距離	3.6km
標高差	565m

問合せ先

南会津町伊南総合支所振興課	☎ 0241-76-7715
会津乗合自動車（バス）	☎ 0241-62-0134
田島タクシー	☎ 0241-62-1130
山口タクシー	☎ 0241-72-2354

PLAN

会津鉄道会津田島駅からバス利用で最寄りの青柳入口バス停に行けるが、始発の便が遅く青柳入口着が11時前のため登山には使いづらい。前日、山麓の宿に泊まり、タクシーで登山口に向かうのもいいだろう。半日もあれば行動できる山なので、ブナやミズナラの中を登り、展望のよい山頂でゆっくりと休憩し、会津の里山を楽しんでほしい。

コース情報

5月の新緑、10月の紅葉の時期をおすすめしたい。新緑期の尾根にはタムシバをはじめとする樹木の花が咲き、足元をイワウチワが彩る。10月の全山紅葉・黄葉も見事だ。

登山口へのアクセス

公共交通機関

会津鉄道会津田島駅から会津バスで青柳入口下車（約1時間）。登山口まで徒歩約1時間10分。または同バスを山口営業所で下車して（約50分）、タクシーで直接登山口に入る方法もある。バスは1日3～5便。

車

大博多山の登山口へは東北道西那須野塩原ICから国道400・121・352・401号、県道351号で南会津町青柳へ。林道青柳線（途中から未舗装）に入り、約4km進んだ林道の終点に約5台分の駐車スペースがある（トイレはない）。

登山口 ＞ 大博多山

南会津町の南郷地区と伊南地区の境にある大博多山は、全山ブナに覆われた会津の里山である。地元では訛って「デイハダヤマ」とも呼んでいるようだ。かつては道のない山だったが近年登山道が整備され、10月には遅い山開きが開催されるほどになった。とはいえ登山者は少なく、静かなブナの原生林が楽しめる会津らしい山としておすすめしたい。

青柳入口バス停から伊南川を渡り、青柳地区に入って南下。ほどなく右折して、久川に

登山届を記入したら登山開始だ

沿う林道青柳線を北西にたどる。久川は上流で縦向沢と横向沢に別れるので、縦向沢に沿う林道をたどる。やがて林道は終点となり、

山頂から新緑に覆われた前衛峰（1280m峰）を見下ろす

急登の途中にあるアカマツの巨木。小休止していこう

ここには車が5台程度駐車可能なスペースがある。目の前には❶**登山口**の道標、登山者カード入れなどがあり、いよいよ登山開始だ。

歩き始めは沢に沿いサワグルミの中をたどると、大博多山登山口の標柱が現われる。そばにはトチノキの大木がそびえている。そこから先は急登となり、傾斜のきつい山腹を一直線に登っていく。急斜面にロープ場が延々と続くので、マイペースで登ろう。

しばらく登れば❷**アカマツの巨木**が現われるので、ひと息つくとよい。アカマツ巨木からいったん傾斜が緩くなるが、すぐに急登に戻り、尾根に出るまで汗を絞られる。❸**尾根**に出たら少し休み、水分などの補給をするといいだろう。

山頂へは左に尾根をたどるが、新緑のシーズンは花の季節でもある。ムラサキヤシオ、ハクサンシャクナゲ、ムシカリ、タムシバなどの樹木の花が咲き、足元にはイワウチワが美しく咲いている。やがて前方にピークが現われるが、これは❹**前衛峰**（標高1280m）だ。

前衛峰を越えて少し下り、最後の登りを頑張れば、待望の一等三角点のある❺**大博多山**に到着する。西側は樹木がじゃまをしているが、それ以外の展望は良好で、北側の飯豊連峰、東側の唐倉山、博士山、志津倉山、駒止高原、南には日光連山から三岩岳、そして間近には尾根を伸ばした丸山を望むことができる。

ゆっくりと休んだら、往路をたどって下山しよう。

急登を終え、尾根に出たらいったん休もう

一等三角点のある大博多山山頂

尾根上に見事に咲くタムシバ

尾根を彩るイワカガミ

Pick Up

古町温泉赤岩荘

登山の起点となる南会津町青柳集落から県道351号などを歩くこと約10分のところにある日帰り入浴施設。男女別の内湯と露天風呂などがある。泉質はナトリウム-塩化物泉。露天風呂は酸化した鉄成分による赤茶色の湯が特徴。それに対して内湯は透明感のある湯となっているので、入り較べるのもいいだろう。☎0241-76-2833　入浴料600円、営業9時30分～20時、水曜休（祝日の場合は翌日または翌々日の平日）

食堂や売店、大小の休憩室もありくつろげる

26 日光白根山

標高 **2578**m
群馬県・栃木県

日光連山や尾瀬の山々、湖沼の大展望が広がる関東以北の最高峰

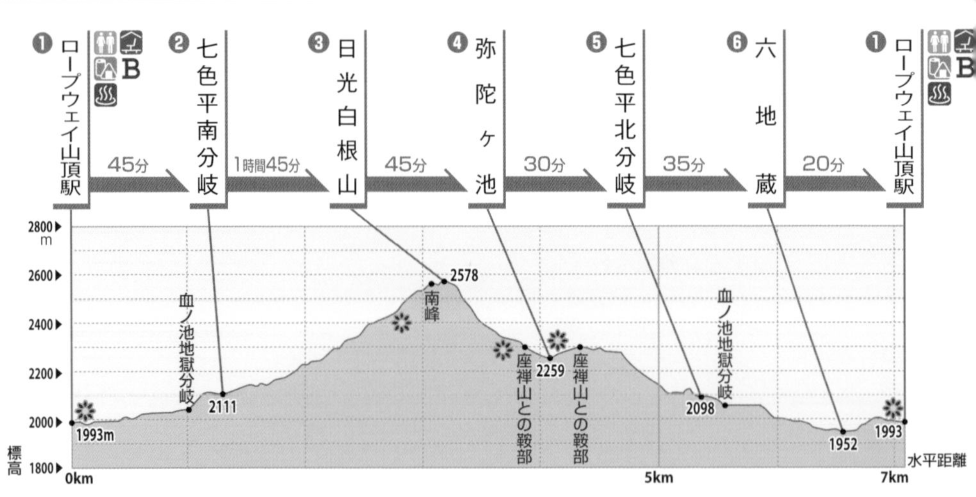

トイレ　売店　山小屋　ビジターセンター　キャンプ場　入浴施設　休憩所　花　B ベンチ

レベル	中級 ★★
日程	日帰り
コースタイム	4時間40分
コース距離	7.1km
標高差	626m

山頂駅から望む秋の日光白根山。山頂へは標高差約600mの登り

問合せ先	
片品村観光協会	☎ 0278-58-3222
関越交通バス沼田営業所	☎ 0278-23-1111
日光白根山ロープウェイ	☎ 0278-58-2211

PLAN

群馬・栃木県境にそびえる日光白根山はロープウェイを利用することで、山行自体は日帰りで十分に歩くことができる。しかし、公共交通利用の場合、アクセスに時間がかかるために日帰りはきびしく、山麓の丸沼高原などでの前泊となる。車の場合、東北道利用のほうが便利な場合は、日光側からいろは坂、金精トンネル経由でアクセスすることもできる。ロープウェイの下りの最終は16時30分。

コース情報

登山適期は6月中旬～10月下旬。山腹や山上の花は6月中旬～8月。紅葉は9月下旬～10月上旬。11月に入ると降雪することもあるので防寒にも注意。

登山口へのアクセス

公共交通機関

往復：JR上越線沼田駅から関越交通バスで鎌田、同バスを乗り継ぎ日光白根山ロープウェイへ（約1時間30分）。山麓駅（日光白根山ロープウェイ15分）山頂駅。※関越交通バスはJR上越新幹線上毛高原駅や東武日光駅発もある。

車

丸沼高原スキー場へは関越道沼田ICより国道120号経由約44km。無料駐車場あり。また、日光宇都宮道路清滝ICから国道120号経由でもアクセスできる（約41km）。

山頂駅 ＞ 七色平 ＞ 日光白根山

群馬県と栃木県の県境に位置する日光白根山は、関東以北の最高峰。山頂からは男体山をはじめとする日光連山や尾瀬・上州の山々、遠くに日本アルプスや八ヶ岳が見渡せる。登山コースは何本もあるが、西面に架かる日光白根山ロープウェイ（5月下旬～11月上旬運行）を利用するコースが人気が高い。

日光白根山ロープウェイの❶**ロープウェイ山頂駅**を降りると、そこはすでに標高約2000m。山頂駅周辺にはロックガーデンや天空の足湯が整備され、東側正面にそびえる日光白根山が印象的だ。山道へは鹿除けゲートを抜けていく。すぐ左手に二荒山神社があるので参拝していこう。しばらくはシラビソなどの針葉樹に囲まれた自然散策コースを緩やかに進む。途中、六地蔵、血ノ池地獄への分岐を

ロックガーデンのコマクサ

二荒山神社の朱塗りの社殿

山中の火口湖・弥陀ヶ池からの日光白根山

日光白根山より五色沼、男体山（中央右）をはじめとする日光連山、中禅寺湖（右奥）を展望

森林限界を抜けて山頂を目指す

分けると、じきに大日如来がある。さらに少しで**❷七色平南分岐**だ。左へと進むと、避難小屋と小さな湿原がある。

七色平南分岐を過ぎると、徐々にダケカンバが見られる明るい森へ入っていく。途中、かつての登山道（廃道）を過ぎ、地獄薙を通過すると、しばらくで急登となる。振り返ると、途中、樹間越しに上州の山々や富士山が見えてくる。じきに樹林帯を抜け砂礫の道となる。さらに草原帯を進み、最後にわずかに登ると白根権現を祀る南峰に到着。**❸日光白根山**の山頂へは、一度急下降してからガレ場を登り返す。山頂からは眼前に男体山をはじめとする日光連山、中禅寺湖、眼下に五色沼と弥陀ヶ池などを望む。晴れた日は遠く富士山や八ヶ岳、日本アルプスまで展望できる。

自然かんさつ手帳

貴重な花　シラネアオイ

シラネアオイは1科1属1種の日本固有種

山中の弥陀ヶ池や五色沼で例年6月中旬～下旬にかけて咲くシラネアオイ。この花を目当てに登山する人もいるだろう。花名の「シラネ」は、ここ日光白根山から名付けられているだけにかつては多く見られたが、盗掘や鹿の食害などにより、その数を大きく減らしている。現在は個体の回復を図るべく、鹿除けの電気柵を設けているが、芽出しから開花まで5年もかかる花だけに、群生地を取り戻すまでにはまだまだ時間がかかりそうだ。

山頂からは富士山や日本アルプスも遠望できる

日光白根山 ＞ 弥陀ヶ池 ＞ 山頂駅

下山は弥陀ヶ池経由で下ってみよう。池畔からは山頂駅とはまたひと味違った日光白根山の山容が望める。ただし、山頂直下は切り立った岩場となっており、かなりの急下降。落石やスリップに注意。初級者は危険を感じたら往路を戻るようにしたい。

緩斜が緩むとじきにシャクナゲの群落となる。さらに、ダケカンバ林を抜けると、座禅山との鞍部だ。右へ下れば**❹弥陀ヶ池**に到着。ひと休みしたら、座禅山との鞍部へ戻る。ここからまっすぐ七色平へと谷筋を下るルートもあるが、道が荒れており雨の後などは滑りやすい。ここでは、座禅山へと右に登っていこう。シラビソの森を行くと、じきに座禅山の火口が樹間越し右手に広がってくる。

下山は火口壁の途中から左へと下る。**❺七色平北分岐**まで下ったら、六地蔵へと向け緩やかに進む。途中、血ノ池地獄、山頂駅などへの分岐を過ぎれば**❻六地蔵**に到着する。参拝し、先に進むとスキー場の展望台に到着。ここから左へと緩やかに登っていけば**❶ロープウェイ山頂駅**へ戻れる。

血ノ池地獄の赤茶の水

山頂駅に整備された天空の足湯

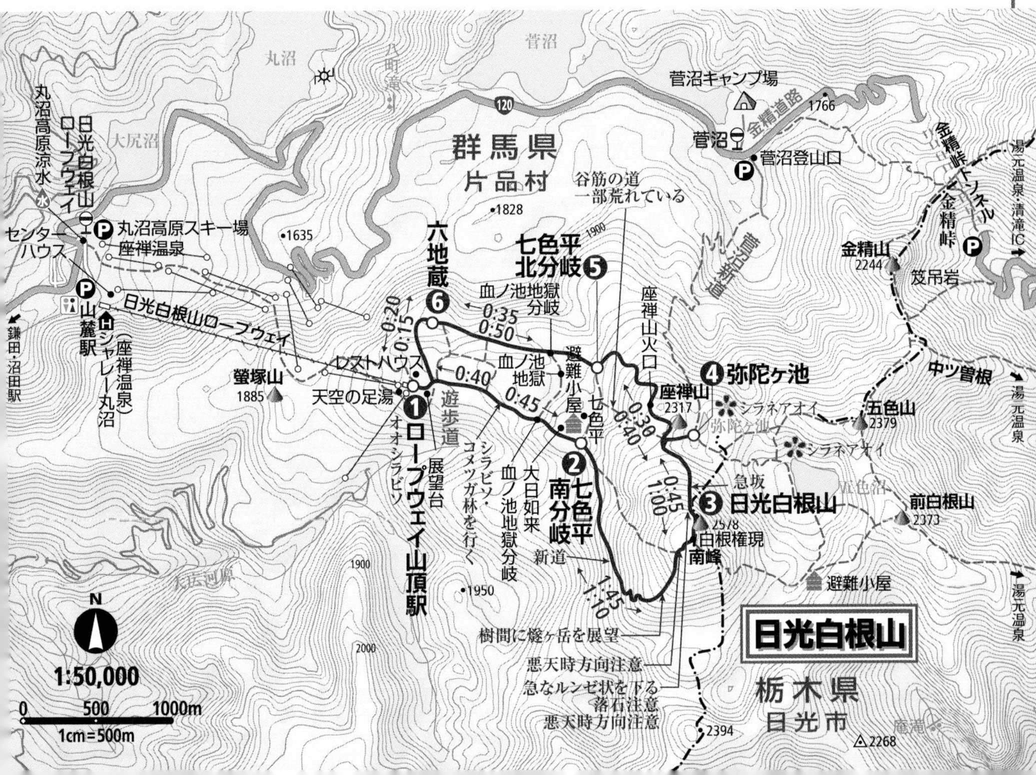

27 武尊山

標高 2158 m（沖武尊）
群馬県

3つのピークが馬蹄形に並ぶ、古からの霊峰

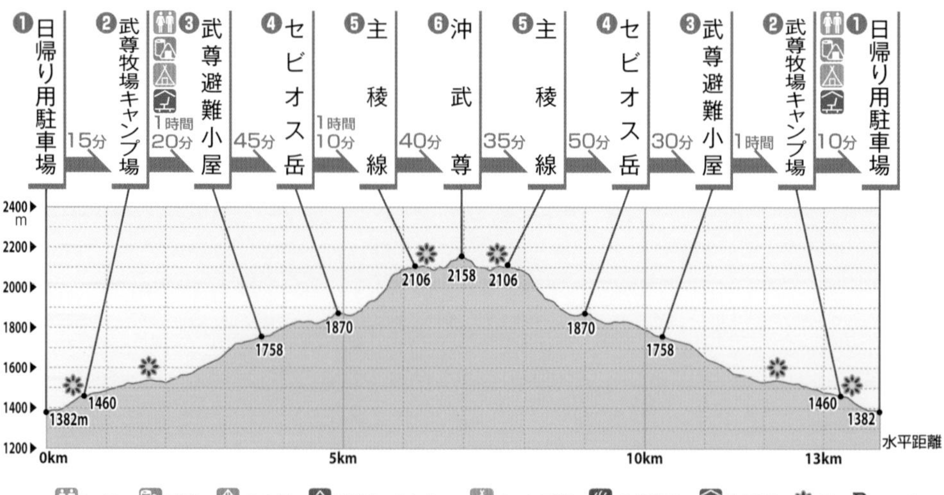

トイレ　売店　山小屋　ビジターセンター　キャンプ場　入浴施設　休憩所　花　B ベンチ

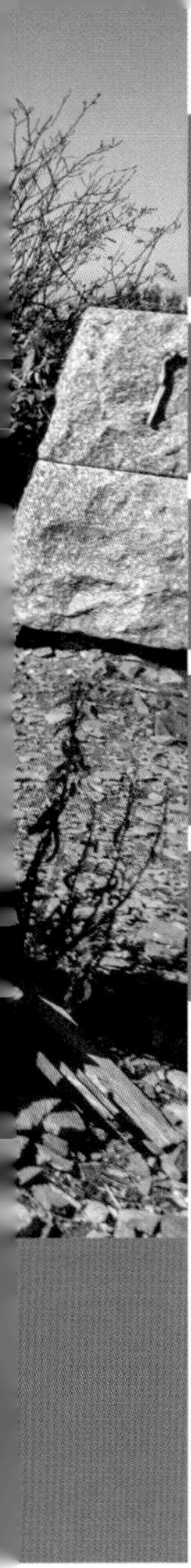

一等三角点や祠が置かれた沖武尊山頂。展望もよく上州の山々が見渡せる

レベル	中級 ★★★
日程	前夜泊日帰り
コースタイム	7時間15分
コース距離	13.8km
標高差	776m

問合せ先

片品村観光協会	☎ 0278-58-3222
関越交通バス沼田営業所	☎ 0278-23-1111
尾瀬観光タクシー	☎ 0278-58-3152
片品ほたか牧場	☎ 0278-58-3757

PLAN

武尊山は紹介コースを含めどの登山口から入山しても、山頂までの歩行距離が比較的長いうえに山中には避難小屋しかない。公共交通機関にも恵まれないため、車でアクセスして日帰り登山をする人が圧倒的に多いが、歩行時間が長いだけに前泊して登山に臨みたい。

コース情報

登山適期は6月中旬～ 10月上旬くらい。6月中旬に山開きが行われるが、年によっては残雪が多く歩きづらい場合もある。紅葉は例年9月下旬～ 10月上旬。山中は熊が出没する可能性もあるので、音の出るものを携行したい。

登山口へのアクセス

公共交通機関

往復：JR上越新幹線上毛高原駅またはJR上越線沼田駅から関越交通バスで鎌田バスターミナルへ（約1時間5分～約1時間35分）。予約しておいたタクシーに乗り換えて武尊牧場キャンプ場へ。徒歩の場合は鎌田から約2時間。

車

武尊牧場キャンプ場の日帰り用駐車場（500円・5月下旬～ 10月上旬開設）へは関越道沼田ICから国道120号、県道64号経由約33km。国道120号の北側を通る県道64号（奥利根ゆけむり街道）を経由するルートもある。

武尊牧場 ＞ 中ノ岳

武尊山（ほたかやま）は群馬県の北部に位置する、奥深い山である。近年の百名山人気から日帰り登山が主流となっているが、どのルートも歩行距離が長く歩き応えは充分。なるべく朝早くから歩き出し、万が一の場合は避難小屋を利用するなど、計画には余裕を持たせたい。

本項では、東面の武尊牧場起点の山頂往復コースを紹介する。以前は武尊牧場キャンプ場までリフトが運行されていたが、2017年以降運休が続いており、途中にあるキャンプ場の日帰り用駐車場を起点に登る。ただし駐車場が利用できるのは8時10分から16時30分までなので、帰りの時間を考慮する必要がある。早朝から歩くのであれば、往復で1時間半ほど多くかかるが3kmほど手前にある旧武尊牧場スキー場の駐車場を起点にすれば、下山時刻を気にせず登山ができる。

旧スキー場駐車場に立つ「武尊山登山口」の石碑

武尊避難小屋までは気持ちのよい平坦な道が続く

赤い屋根が特徴の武尊避難小屋

武尊牧場キャンプ場の❶**日帰り用駐車場**から車道を20分弱上がると❷**武尊牧場キャンプ場**内の分岐があり、左の道に入る。シラカバやツツジに囲まれた遊歩道を通り、登山口へ向かう。登山ポストのある登山口で登山道に入ると気持ちのよい森が広がり、ブナやシラカバに囲まれた傾斜のない登山道を約1時間歩く。やがて針葉樹の森になり、赤い三角屋根の❸**武尊避難小屋**に到着する。ここで北面の武尊田代方面からの登山道と合流する。これより先は少しずつ傾斜がきつくなるので、休憩してから出発としよう。

笹ヤブに覆われた狭い登山道を歩き、❹**セビオス岳**へ。セビオス岳は少し開けた小ピークになっている。前方に見えるピークが中ノ岳だ。中ノ岳手前には岩場があり、垂直の岩溝を登る。距離こそ短いが傾斜がきついので、3点支持で慎重に岩をよじ登ろう。

中ノ岳 ＞ 沖武尊

中ノ岳は山頂を通らず、南面の山腹を横切るように進む。笹の中の急な斜面を上がり切ると、武尊山の❺**主稜線**に出る。左が前武尊や川場方面への道で、沖武尊（武尊山）へはここを右へ進む。水の湧き出る場所を通過してガレた山腹の道を進むと、大きな岩が点在する湿地帯に着く。細長い窪地に池が3つあることから「三ッ池」といわれる場所だ。

三ッ池から先は傾斜のきつい道となる。高度を上げていき、修験の神様が祀られた大きな岩まで来たら、山頂はもうすぐ。振り返ると三ッ池のある窪地が見える。

岩の露出した道を慎重に登っていくと、武尊山の最高峰・❻**沖武尊**に到着する。360度の展望が広がる、開放的な山頂だ。武尊神社や川場から登ってきた登山者で賑わっていることだろう。北は笠ヶ岳、至仏山、燧ヶ岳など尾瀬の山が、東は日光白根山と皇海山、南は赤城や榛名など群馬県の名峰が見渡せる。

▲主稜線上の分岐。ここを右へ進む
◀中ノ岳手前の大岩。溝を使ってよじ登る

山頂からの中ノ岳、家ノ串、剣ヶ峰（左から）

修験の神様が祀られた大岩を過ぎれば山頂の沖武尊はすぐ

沖武尊 ＞ 武尊牧場

下山は往路を戻る。主稜線上にあった水場を過ぎたら❺**主稜線**の分岐を見逃さないように注意し、笹の中の急な登山道を下っていく。行きに登った岩溝はクライムダウン（岩場の通過の際、ロープにぶら下がらず、手足を使って下る）の要領で慎重に下ろう。後はゲートの閉鎖時間を頭に入れつつ、❶**日帰り用駐車場**を目指して下っていこう。

Pick Up ☞

武尊神社コース

本項では標高差の最も少ない武尊牧場からのコースを紹介したが、人気が高いのは沖武尊北西にある武尊神社を起点とする周回コースだ（歩行時間約7時間30分）。関越道水上ICから約23kmの武尊神社駐車場に車を置き、武尊沢沿いの道を進む。やがて武尊沢を渡り、急な登りを経て主稜線上の剣ヶ峰山に出る。主稜線を北東に進むと沖武尊だ。ここから行者ころげの難所がある須原尾根を下り、手小屋沢避難小屋の建つ分岐へ。左手の道を下っていくと往路で通った武尊沢の道に出る。

登山口に建つ武尊神社

28 玉原高原・鹿俣山

標高1637m（鹿俣山）
群馬県

関東随一のブナ林と「ミニ尾瀬」と呼ばれる湿原を巡る

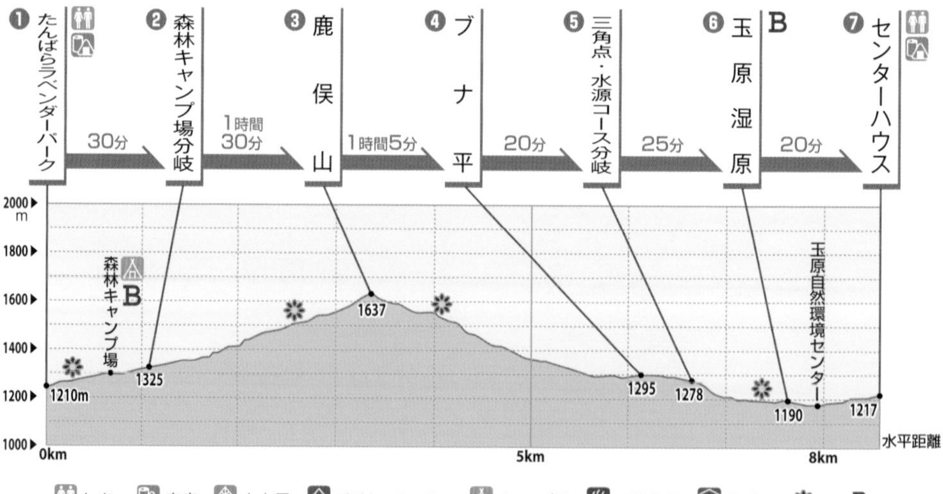

トイレ　売店　山小屋　ビジターセンター　キャンプ場　入浴施設　休憩所　花　B ベンチ

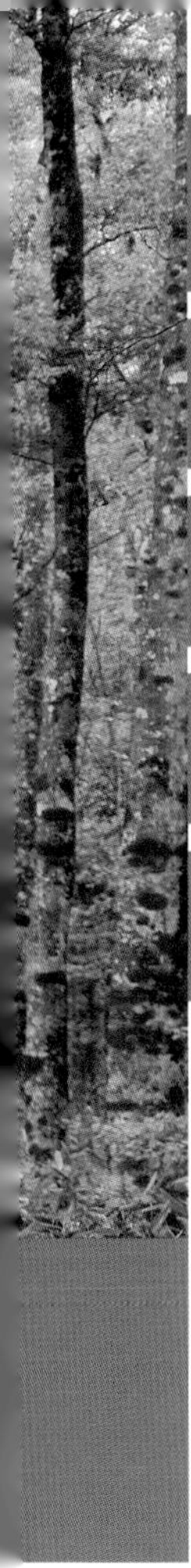

関東随一といわれる見事なブナ林が広がるブナ平

レベル	初級 ★★
日程	日帰り
コースタイム	4時間10分
コース距離	8.5km
標高差	447m

問合せ先

沼田市観光交流課	☎ 0278-23-2111
関越交通バス沼田営業所	☎ 0278-23-1111
関越交通タクシー沼田営業所	☎ 0278-24-5151
たんばらラベンダーパーク	☎ 0278-23-9311

PLAN

たんばらラベンダーパークへのバスは土・日・祝日のみの運行で、平日はタクシー利用となる（約9000円）。7～8月のラベンダー開花時期は直行バスが運行。開園時期はゲレンデ内のラベンダー畑（有料）を歩き、鹿俣山へ登るのもいい。ブナ平と玉原湿原周回ならセンターハウス起点がよい。ラベンダーパークの周辺にペンション街がある。

コース情報

登山適期は5月中旬～11月。5月下旬～6月上旬、山腹ではツツジやシャクナゲ、玉原湿原では春から初夏、ミズバショウやワタスゲが美しい。紅葉は10月～11月初旬。

登山口へのアクセス

公共交通機関

行き：JR上越線沼田駅から関越交通バス（土・日曜・祝日運行）でたんばらラベンダーパークへ。
帰り：センターハウスから関越交通バスで沼田駅へ。
※7月中旬～8月中旬はJR上越新幹線上毛高原駅から直行バス運行。

車

たんばらラベンダーパークへは関越道沼田ICから県道266号経由約19km。無料の大駐車場あり。センターハウスの手前にも駐車場がある。

たんばらラベンダーパーク ＞ 鹿俣山

玉原(たんばら)高原は群馬県沼田市北部の標高約1200mにあり、関東随一のブナ林と「ミニ尾瀬」と称される湿原が広がる。その東側にある鹿俣山(かのまたやま)は、登山口との標高差があまりなく、初心者でも楽しめる。

コースの起点は**❶たんばらラベンダーパーク**。駐車場右側のペンション街の車道を緩やかに登っていく。じきにブナやミズナラの森に囲まれた緑あふれる森林キャンプ場に出る。トイレや炊事棟などがあり、夏はキャンプが気持ちいい。初夏はエゾハルゼミの声が鳴り響いている。

道標に従い鹿俣山方面へと右に延びる山道を進む。山腹道を緩やかに進むと、じきに右から道を合わせ**❷森林(しんりん)キャンプ場分岐(じょうぶんき)**に出る。ここから左へと緩斜面の尾根道を登っていく。しばらくすると傾斜がきつくなり、一度スキー場のゲレンデ脇に出る。ラベンダーの開花時期にゲレンデ

エゾアジサイが咲く鹿俣山中腹を登る

野鳥のさえずりを聞きながらブナ平を抜ける

▲たんばらスキーパークのゲレンデを行く
▼苔むした根株のブナ地蔵

内を登ってくる場合は、ここから山道へと入ることができる。

「鹿俣山1.5km、55分」の道標に従い、再びブナの森を登っていく。林床では、夏場、エゾアジサイが水色の花を咲かせている。途中、小さく下って再び登るとシャクナゲの群生地がある。ここを過ぎると、徐々に木々が低くなり、スキー場や玉原湖が眼下に見えてくる。最後の登りで山頂直下の分岐に出る。これを右へと5分で❸**鹿俣山**。山頂は狭く木々や笹に囲まれているが、眼下に玉原湖、東には武尊山の一部を望むことができる。

鹿俣山 ＞ ブナ平 ＞ センターハウス

下山は山頂直下の分岐まで戻り、道標に従いブナ平方面へ進む。山上の緩やかな尾根道をたどり、途中、スキー場トップのリフト山頂駅を左に見送る。この少し先からゲレンデ内を下っていく。中腹からゲレンデを横切り、ブナの森へと入る。徐々に高度を落とし平坦路になると❹**ブナ平**だ。左にセンターハウスへと下る探鳥路を分けて進むと、すぐ先にブナ地蔵がある。

ここからはまさに玉原高原の豊かなブナ林を進む。しばらくで玉原湿原へと下る❺**三角点・水源コース分岐**だ。ここでは左手の水源コースを下ろう。谷筋を進み、途中、小さな沢を渡れば、じきに玉原湿原の北側に出る。左に進めば木道となり、ベンチとテラスがある❻**玉原湿原**に到着する。

帰りは玉原湿原南側の分岐から木道を進む。車道に出ると玉原自然環境センターがある。左へ進み、途中、「ぶなのわきみず」で喉を潤し、車道を進めば❼**センターハウス**だ。

▲鹿俣山の山頂。南西〜東面の展望が開ける
▸たんばらラベンダーパークの「彩の丘」

秋の玉原湿原。木道が敷かれ、手軽に散策できる

車利用などで起点の❶**たんばらラベンダーパーク**に戻る場合は、探鳥路入口から山道へ入り、すぐ先で森林キャンプ場方面へと進む。リフト下のトンネルをくぐればゲレンデ内の遊歩道となり、ラベンダーパークに着く。

玉原自然環境センターでは自然観察会を開催している

ブナが浄化した水が湧き出る「ぶなのわきみず」

自然かんさつ手帳

玉原湿原

本コース終盤の見所である玉原湿原は、面積はさほど広くはないが、植生の珍しさから「ミニ尾瀬」「小尾瀬」と呼ばれている。4月のミズバショウから10月のタムラソウまで多くの草花が観察できるが、花の最盛期は6月中旬から7月中旬にかけて。また、10月上旬の草紅葉もぜひ見てみたい。一周30分ほどの散策路が設けられている。

ワタスゲの果穂が揺れる6月上旬の玉原湿原

尾瀬の花図鑑①

湿原と樹林を彩る花々

尾瀬ヶ原、大江湿原をはじめとする湿原とその周辺の樹林に咲く代表的な花々を、春から秋へと花期を追って紹介する。詳しくは各花期グラフを参照。

＊花期はその年の気象状況や場所（標高）などによって前後することがあります。
＊⬆印は平均的な背丈、✲印は平均的な花（花冠）の直径または長さを示します。

ザゼンソウ
サトイモ科

ミズバショウと同じサトイモ科の花で、尾瀬では主に下田代に生育。仏炎苞に包まれた花が座禅を組んだ達磨大師に見立て命名された。花は悪臭を放つ。和名＝座禅草 ⬆10～20㎝（仏炎苞） ✲約20㎝

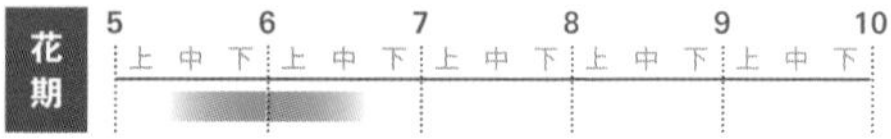

キクザキイチゲ
キンポウゲ科

主に尾瀬ヶ原の拠水林で見ることができる。花の咲く様子が、キクに似た花を一輪付けることに由来する。白花もあり、キクザキイチリンソウとも呼ぶ。和名＝菊咲一華 ⬆10～20㎝ ✲2.5～3㎝

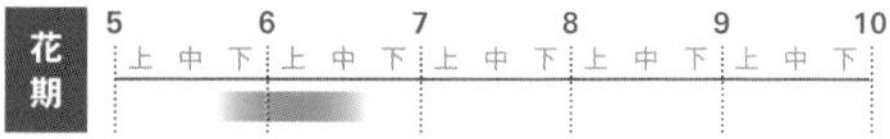

ニリンソウ
キンポウゲ科

林内の流水沿いや湿地などに生え、群生することも多い。通常2個の花を付けることからこの名があるが、1個や3個のものも見られる。白い花弁に見えるのは萼片。和名＝二輪草 ⬆15～25㎝ ✲1.5～2.5㎝

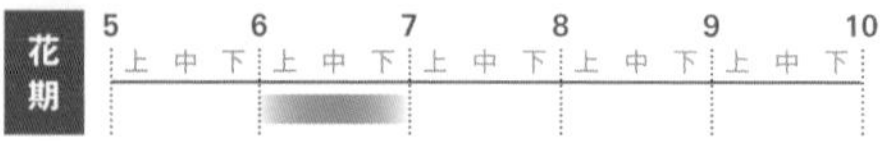

ミズバショウ
サトイモ科

六兵衛堀、竜宮、下ノ大堀などの大群落をはじめ、尾瀬各地の湿原に咲く。花が終わると芭蕉に似た大きな葉を出す。白い仏炎苞の中の花穂に黄色い花を無数に付ける。和名＝水芭蕉 ⬆15～30㎝（仏炎苞） ✲約5㎜

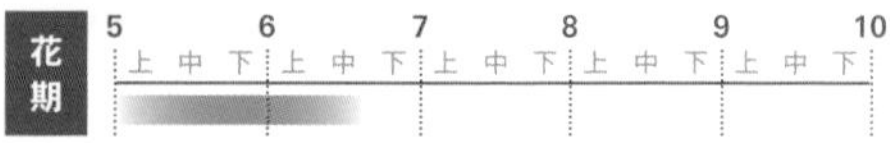

ムシカリ
スイカズラ科

オオカメノキとも呼ばれ、山地や亜高山帯に生える落葉低木で、燧裏林道などの樹林帯で見られる。花は枝の先に多数付け、秋には小さな球形の実が赤色から黒色に熟す。和名＝虫狩 ⬆2～5m ✲約3㎝

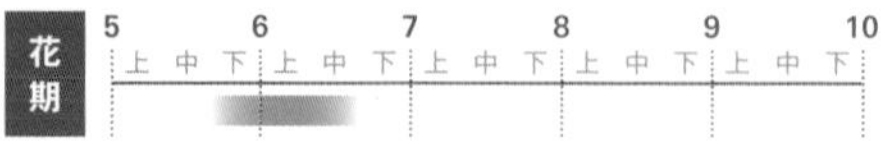

スミレサイシン
スミレ科

山地の林床に咲くスミレの一種。花名はハート形の葉が、ウスバサイシンの葉に似ていることに由来する。根本から伸びる花茎の先に淡紫色の花を1個付ける。和名＝菫細辛 ⬆10～15㎝ ✲約2㎝

ツバメオモト

ユリ科

深山の樹林帯、尾瀬では燧裏林道や段吉新道などで見られる。幅の広い葉はオモトに似ている。花が終わった後も花茎を伸ばし、濃い藍色の球形の実を付ける。和名＝燕万年青　⬆20～30㎝　✾約1㎝

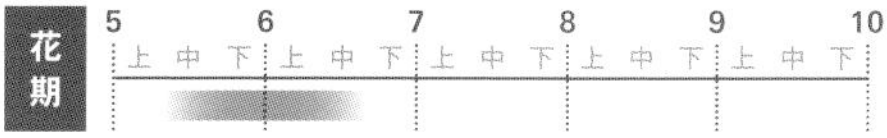

エゾエンゴサク

ケシ科

尾瀬ヶ原・下田代の拠水林の林床などに生える。筒形の花を花茎の上部に数多く付ける。花の先は唇状に開き、後方はスミレ類のような袋状の細長い距（きょ）となっている。和名＝蝦夷延胡索　⬆10～30㎝　✾1.5～2.5㎝

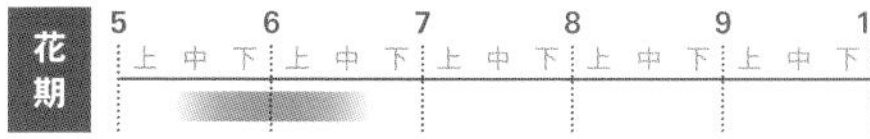

トガクシショウマ

メギ科

燧裏林道などの林内にまれに生える貴少な植物。自生のものは尾瀬のみならず全国的に個体数が減少している。長野県の戸隠山で最初に発見されたのが花名の由来。和名＝戸隠升麻　⬆30～50㎝　✾約2.5㎝

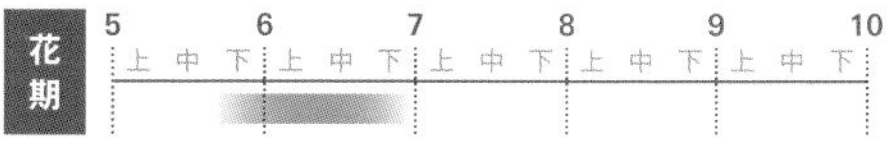

リュウキンカ

キンポウゲ科

沼地や湿地に生える、尾瀬を代表する名花。赤田代や竜宮、見本園などに群生地が見られる。花名は茎が直立して黄金色の花（花弁に見えるのは萼片）を付けることから。和名＝立金花　⬆20～50㎝　✾約2㎝

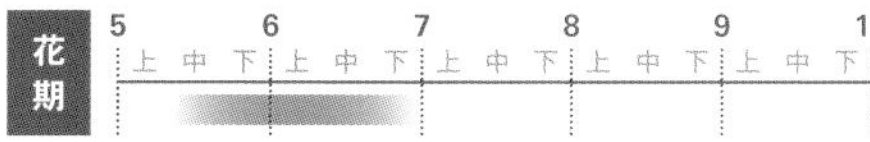

ムラサキヤシオ

ツツジ科

山地から亜高山帯、尾瀬では主に燧裏林道周辺や岩清水周辺など樹林帯で見られる落葉低木。別名ミヤマツツジ。葉が開く前に枝の先に鮮やかな紅紫色の漏斗状の花を2～3個付ける。和名＝紫八染　⬆2～3m　✾約4㎝

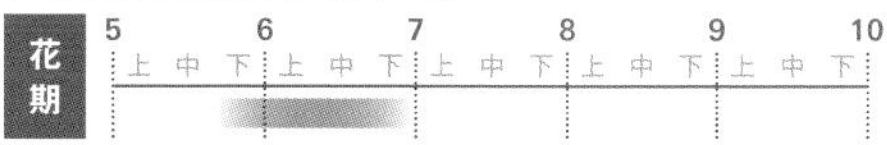

ショウジョウバカマ

ユリ科

山地のやや湿った草地や湿原に生え、尾瀬沼周辺や尾瀬ヶ原全域で見られる。葉の中心部から花茎を直立させ、先端に2～6個の花を横向きに付ける。花の色は変化が多い。和名＝猩々袴　⬆10～25㎝　✾3～5㎝

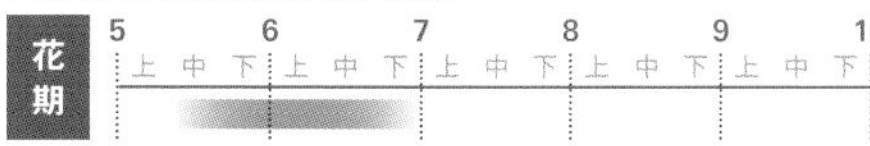

オオバタチツボスミレ

スミレ科

山野に咲くスミレの一種で花色の変化も多い。尾瀬では主に上田代や下田代で見られる。淡い紫色の唇形をした花弁に濃い紫色の筋があるのが特徴。和名＝大葉立坪菫　⬆10～20㎝　✾1.5～2.5㎝

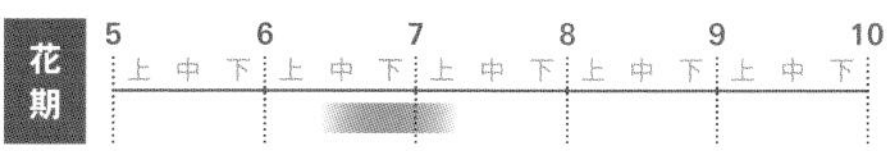

タテヤマリンドウ

リンドウ科

山地から高山に生えるハルリンドウの変種。尾瀬では湿原のほぼ全域に咲いている。晴れると花が開き、曇りや雨の日には穂先のように花弁を閉じる。稀に白花もある。和名＝立山竜胆　⬆10～20㎝　✾約2㎝

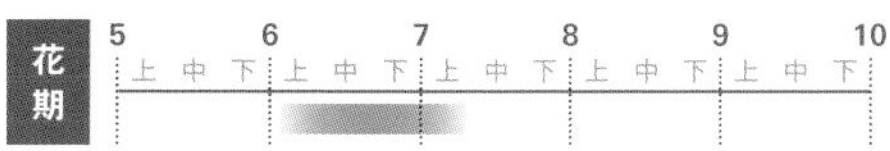

サンカヨウ
メギ科

燧裏林道や三平峠など深山の林内に生える。大きな葉が上下に2枚付き、花茎の先端に数個の白い花を付ける。花弁は6個。花の後には球形の濃い青紫色の実がなる。和名＝山荷葉　⬆50～60㎝　✿約2㎝

花期　5 6 7 8 9 10（上 中 下）

ヒメシャクナゲ
ツツジ科

亜高山帯から高山帯の湿原に生える常緑小低木。茎は低く這うように広がり、立ち上がった枝先に淡いピンクの小さな壺状の花を数個付け、下向きに咲く。和名＝姫石楠花　⬆10～30㎝　✿約6㎜

花期　5 6 7 8 9 10（上 中 下）

ミツガシワ
ミツガシワ科

山地から高山の湿原や沼に生える。尾瀬では尾瀬ヶ原や尾瀬沼周辺で見られ、3枚の複葉が花名の由来。葉の間から20㎝ほどの花茎を出し、先端に穂状に白い花を付ける。和名＝三槲　⬆約20～30㎝　✿1～1.5㎝

花期　5 6 7 8 9 10（上 中 下）

ハクサンチドリ
ラン科

尾瀬ヶ原や山上の草原などで見られる。花茎の先に紅紫色の小さい花を穂状に数多く付け、花弁や萼片の先端が鋭く尖り、チドリが飛ぶ姿を連想させる。和名＝白山千鳥　⬆15～30㎝　✿1～1.5㎝

花期　5 6 7 8 9 10（上 中 下）

イワカガミ
イワウメ科

一般的には山地から亜高山帯の岩場や草地に生育するが、尾瀬では主に大江湿原や沼尻、尾瀬ヶ原などで見られる。花名はその光沢のある葉を鏡に見立てたもの。和名＝岩鏡　⬆10～20㎝　✿1～1.5㎝

花期　5 6 7 8 9 10（上 中 下）

ウラジロヨウラク
ツツジ科

山地に生える落葉低木で、ツリガネツツジとも呼ばれる。葉の裏側が緑白色を帯びていることでこの名がある。紅紫色の筒状の花が枝先に5～10個咲く。和名＝裏白瓔珞　⬆1～2m　✿約1.5㎝（長さ）

花期　5 6 7 8 9 10（上 中 下）

コタヌキモ
タヌキモ科

浅い沼地に生え、虫を捕えて養分とする食虫植物。尾瀬では下田代、中田代のごく浅い水たまりで見られる。葉の脇から細い花茎を伸ばし、黄色い小さい花を付ける。和名＝小狸藻　⬆10～15㎝　✿1.2～1.5㎝

花期　5 6 7 8 9 10（上 中 下）

ナツトウダイ
トウダイグサ科

山地に生える多年草で、尾瀬では大江湿原、中田代、下田代などで見られる。茎の先端に細長い葉を5枚ほど輪生させるのが特徴。その脇から出た花茎の先に小さな花を付ける。和名＝夏燈台　⬆40～60㎝　✿約5㎜

花期　5 6 7 8 9 10（上 中 下）

ヤナギトラオノ
サクラソウ科

山地の湿地にまれに生える多年草。葉が柳に似ていることと、黄色い花穂をトラの尾に見立てて命名された。短い円柱形の花穂は長く突き出た長い雄しべがよく目立つ。和名＝柳虎の尾　⬆20～40㎝　✽1～2㎝

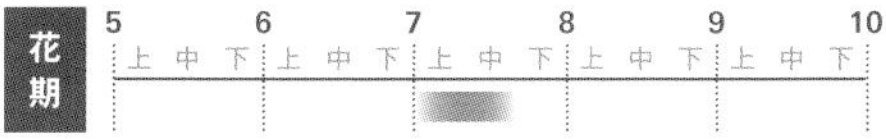

ツルコケモモ
ツツジ科

亜高山帯から高山帯の湿原に生える常緑小低木。湿原の中を這うように枝を伸ばし、枝先に淡紅色の花を付ける。カタクリの花のように花弁が後方にそり返るのが特徴。和名＝蔓苔桃　⬆湿原を這う　✽約1㎝

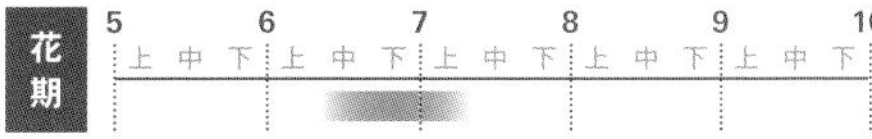

カキツバタ
アヤメ科

山野の水辺に群生し、尾瀬では大江湿原や尾瀬ヶ原に多い。花茎の先に2～3個の花を付ける。花は外花弁、内花弁からなり、外花弁の基部にある白い筋が特徴。和名＝杜若　⬆40～80㎝　✽約6㎝（花弁）

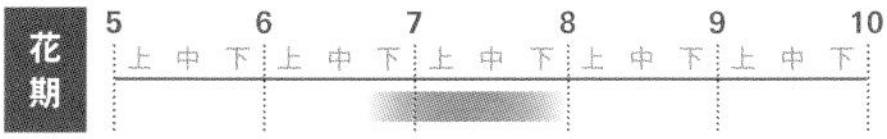

トキソウ
ラン科

日当たりのよい湿原に生育し、乾いた感じの湿原全域で見ることができる。花は茎の先端にトキ色（淡い桃色）の花を1個付ける。外側の3枚の苞が花弁のように見える。和名＝朱鷺草　⬆10～30㎝　✽3～4㎝

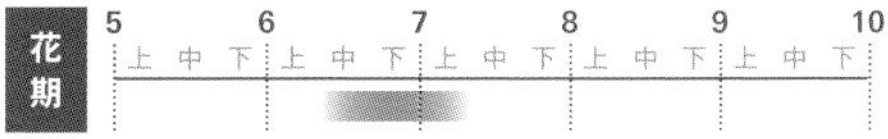

サワラン
ラン科

山中の湿原に生える多年草。別名アサヒラン。尾瀬では沼尻や中田代、下田代など尾瀬山中の乾いた感じの湿原で見られる。直立した茎の先端に紅紫色の花を横向きに付ける。和名＝沢蘭　⬆15～30㎝　✽2～2.5㎝

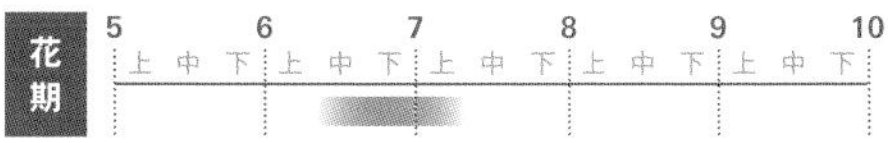

レンゲツツジ
ツツジ科

日当たりのよい山地に生える落葉低木。尾瀬では拠水林の脇や、乾燥ぎみの湿原で見られる。鮮やかなオレンジ色の花が印象的で、群生することが多い。和名＝蓮華躑躅　⬆1～2m　✽5～6㎝

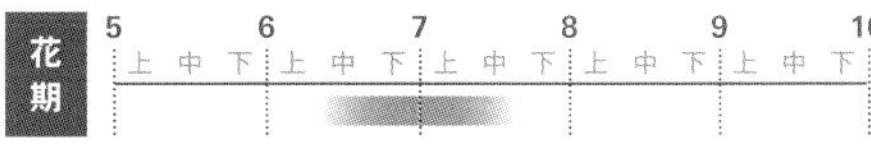

ワタスゲ（果穂）
カヤツリグサ科

高層湿原に生え、燧裏林道の上田代や牛首分岐、見本園で群落が見られる。白い綿毛は開花後にできる種子の集まり。花は雪解け後すぐに咲くが小さく目立たない。和名＝綿菅　⬆20～50㎝　✽2～3㎝（果穂）

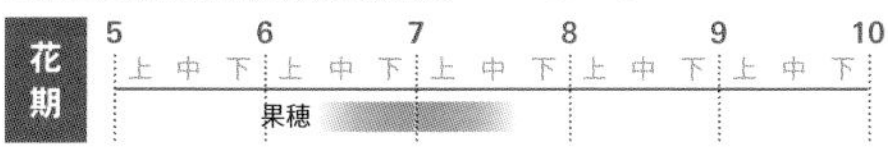

サギスゲ（果穂）
カヤツリグサ科

山地から亜高山帯の湿原などに生える多年草。白い果穂はワタスゲに似ているが、茎の先に数個のほっそりとした果穂が付き、不定形でサギがはばたく姿を連想させる。和名＝鷺菅　⬆20～50㎝　✽約2㎝（果穂）

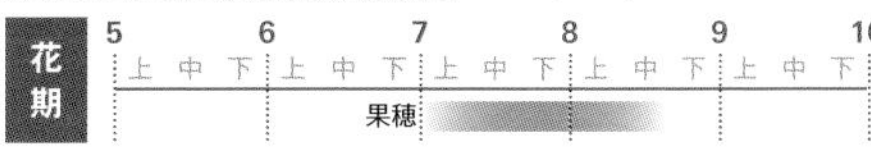

ゴゼンタチバナ
ミズキ科

亜高山帯から高山帯の林床に生える常緑の多年草。白い花弁のように見えるのは苞片で、花の付く茎には6枚、付かない茎には4枚の葉が輪生する。秋には球形の赤い実を付ける。和名＝御前橘　⬆7～12㎝　✲約2㎝

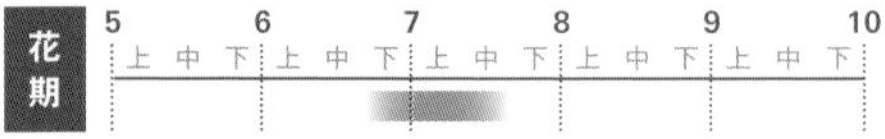

ヒオウギアヤメ
アヤメ科

尾瀬沼南岸や尾瀬ヶ原でよく見られる。外花弁の基部には黄色と白の網目模様があるのが特徴。また、内花弁はカキツバタの約6㎝に対し1㎝程度とかなり小さい。和名＝檜扇菖蒲　⬆30～90㎝　✲約8㎝

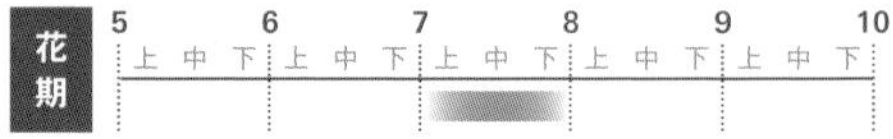

カキラン
ラン科

山野の湿った場所に生える多年草。尾瀬ではヨシッ堀田代や下田代などの日当たりのよい湿地で見られる。花名の由来は花の色が柿色のため。花弁の内側に紅紫色の斑紋が見られる。和名＝柿蘭　⬆20～50㎝　✲約1㎝

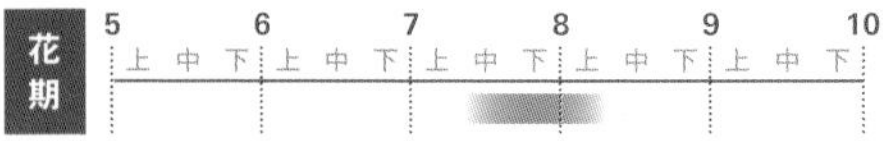

クロバナロウゲ
バラ科

山地の湿地に生える多年草。葉は奇数羽状複葉で、3～7個の小葉がある。独特な暗紅紫色の花を付けるが、外側の尖った花弁に見えるのは萼片で、内側に短い花弁がある。和名＝黒花狼牙　⬆30～60㎝　✲1.5～2㎝

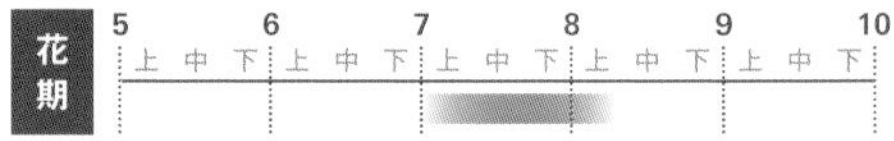

ニッコウキスゲ
ユリ科

山地から高山の草原に生え、尾瀬では大江湿原や下ノ大堀周辺、ヨッピ道の群落が有名。3～5個の花を付け、下から上へと順に咲く。朝開き、夕方にはしぼむ1日花。別名ゼンテイカ。和名＝日光黄菅　⬆50～1m　✲5～6㎝

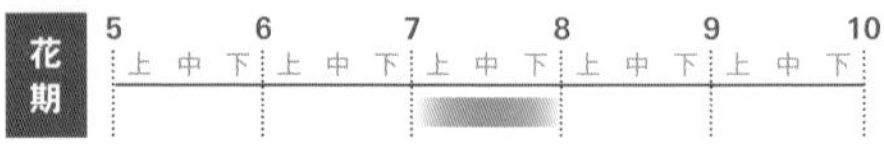

オゼコウホネ
スイレン科

池や沼に生える水生植物。尾瀬では中田代、上田代などの池や沼で見られる。葉は楕円形で、1カ所が深く切れ込む。長い花茎を水面から出し、鮮やかな黄色い花を付ける。和名＝尾瀬河骨　⬆水面上　✲約5㎝

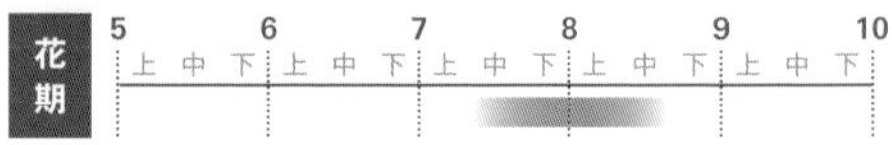

モウセンゴケ
モウセンゴケ科

日当たりのよい湿地に生える食虫植物で、尾瀬ヶ原など湿原に広く分布する。葉は0.5～1㎝の円形で、紅紫色の粘液を出す腺毛が密集する。長い花茎の先に白い花を総上に付ける。和名＝毛氈苔　⬆10～20㎝　✲1～1.5㎝

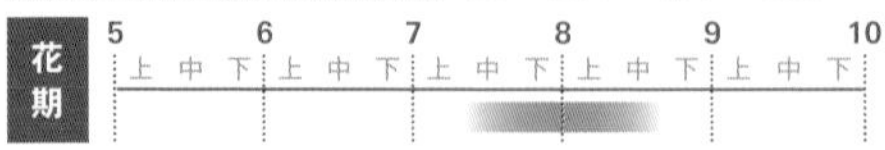

ナガバノモウセンゴケ
モウセンゴケ科

中田代、下田代など高層湿原に生える食虫植物。モウセンゴケよりやや大きく、その名のように長い葉が特徴。花茎の先端に小さい花を2～3個付ける。和名＝長葉の毛氈苔　⬆10～20㎝　✲1～1.5㎝

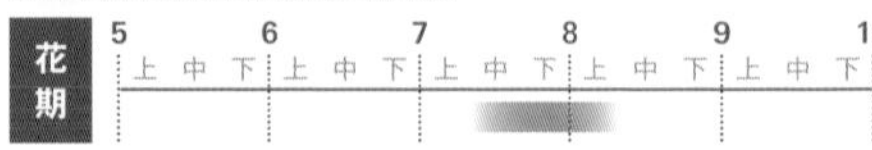

ミズチドリ

ラン科

山野の湿地に生え、尾瀬では下田代などの葦原の湿地の中でよく見られる。花茎の先に多数の白い小さい花を穂状に付ける。香りがよいことからジャコウチドリとも呼ばれる。和名＝水千鳥　⬆30～90㎝　✽約1㎝

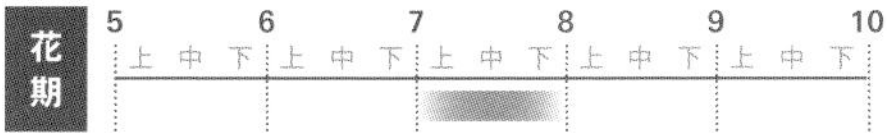

ヒツジグサ

スイレン科

池や沼に生える水草。尾瀬では中田代や上田代で見られる。未の刻（午後2時）に花が開くというのが花名の由来だが、実際にはもっと早い時間に開花し、夜になると花を閉じる。和名＝未草　⬆水面に咲く　✽約5㎝

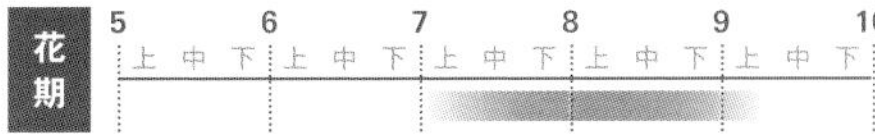

キンコウカ

キンコウカ属

高山の湿地や湿原などに生える多年草で、群生することが多い。直立した花茎に星形に開いた鮮やかな黄色の花を穂状にたくさん付ける。秋には赤く紅葉する景色も美しい。和名＝金黄花　⬆20～40㎝　✽約2㎝

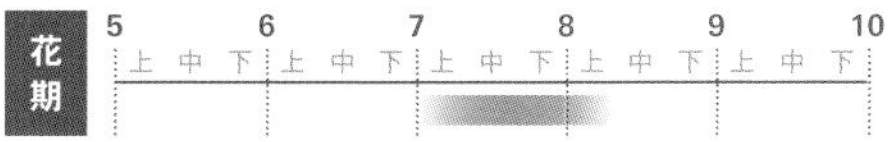

トモエソウ

オトギリソウ科

日当たりのよい山地に生える多年草。尾瀬では尾瀬ヶ原の拠水林の脇などで見られる。大ぶりの黄色い花は、花弁が巴状にねじれていて、花名の由来にもなっている。和名＝巴草　⬆50～130㎝　✽約5㎝

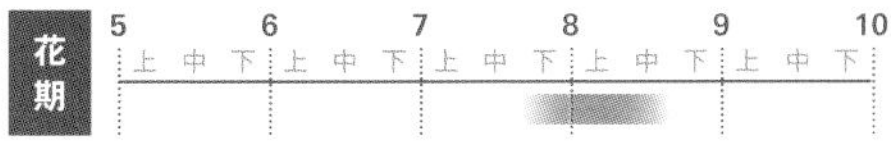

コオニユリ

ユリ科

山地の草原などに生える多年草。大江湿原や浅湖湿原、尾瀬ヶ原などで見られる。オニユリは茎が黒紫色で、花の数が多く、形も少し大きいことで区別できる。和名＝小鬼百合　⬆1～1.5m　✽5～6㎝

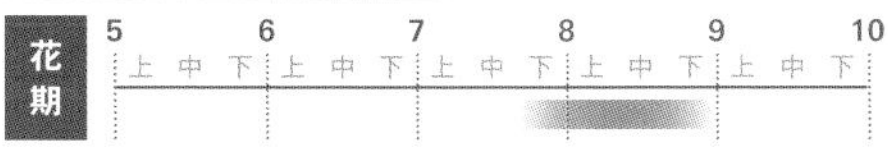

コバギボウシ

ユリ科

日当たりのよい湿地に生える多年草。ギボウシの仲間では葉が小さいためこの名がある。長い花茎を伸ばし、淡い紫色の花を横向きから下向きに付け、下から順に開花する。和名＝小葉擬宝珠　⬆30～60㎝　✽4～5㎝

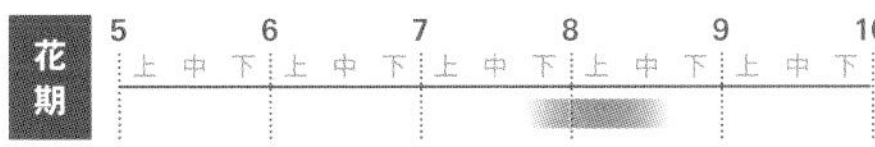

チョウジギク

キク科

深山の湿地に生える多年草。白い毛に覆われた太く長い花柄がよく目立ち、その形が香辛料の丁子（クローブ）の花に似ていることが花名の由来。花柄の先端に小さな黄色い頭花が付く。和名＝丁子菊　⬆30～45㎝　✽約5㎜

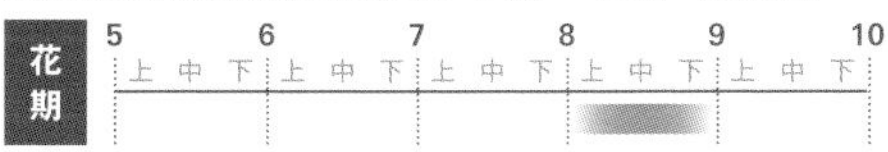

サワギキョウ

キキョウ科

山野の湿地に生える多年草。尾瀬沼周辺の湿原や尾瀬ヶ原の各所に生える。葉は細長く、縁が細い鋸歯状になっている。階段状に付く花は下から上に向かって順に咲く。和名＝沢桔梗　⬆50㎝～1m　✽約3㎝

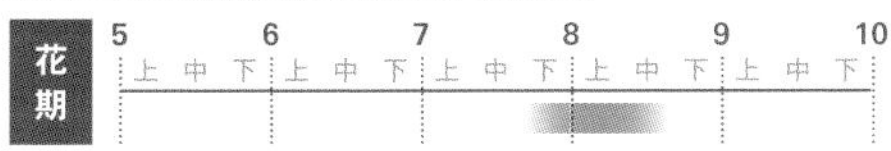

ヤナギラン

アカバナ科

山地から亜高山帯の日当たりのよい場所に生える。花名は葉をヤナギに、花をランにたとえたもの。尾瀬では大江湿原の群落が見事だ。茎の上部に多数の花が付き下から順に咲く。和名＝柳蘭　⬆1～1.5m　✻2～3㎝

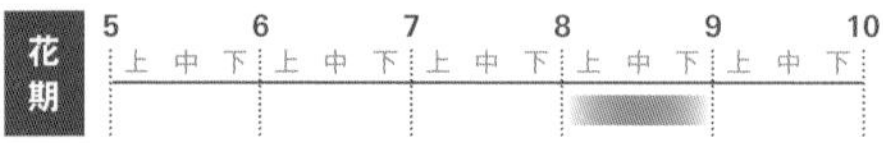

オゼヌマアザミ

キク科

尾瀬の特産種で、大江湿原や赤田代、中田代、下田代などの湿原に群生する。羽状の葉は先が鋭く尖り、鐘形の頭花は茎の先端に1～5個、上向きに付く。和名＝尾瀬沼薊　⬆50㎝～1.5m　✻約2㎝

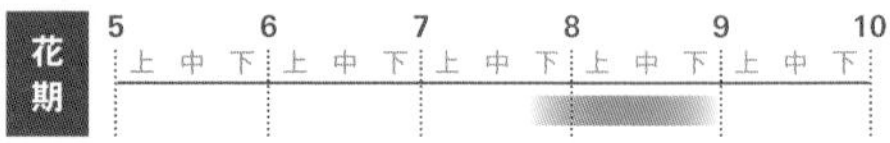

オゼミズギク

キク科

尾瀬や東北地方の山中の湿地に生える多年草で、尾瀬に多いことからこの名がある。ミズギクの変種で、茎の上部の葉の裏側に腺点が多いのが特徴。鮮やかな黄色い花はよく目立つ。和名＝尾瀬水菊　⬆25～50㎝　✻3～4㎝

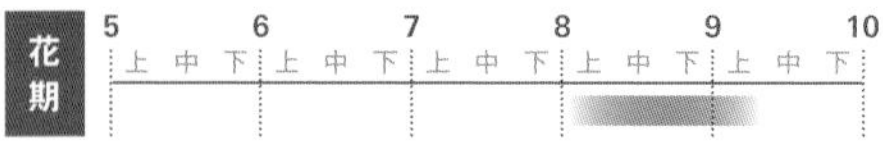

サラシナショウマ

キンポウゲ科

樹林内や草原に生える多年草。尾瀬では拠水林内や川沿いで見られる。小さな白い花が穂状に付くが、花弁と萼片は開花後すぐに落ち、残った雄しべが目立つ。和名＝晒菜升麻　⬆40～150㎝　✻20～30㎝（花穂）

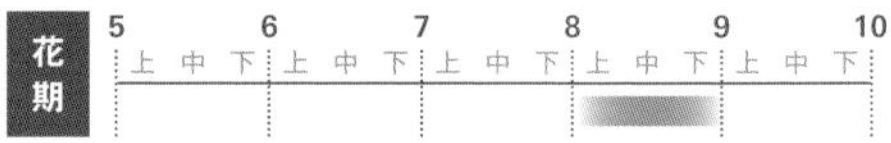

イワショウブ

チシマゼキショウ科

山地から高山の湿原に生える多年草。葉はショウブのように細長く、長い花茎を伸ばし先端に白い小さな花を総状に付ける。花の蕾は赤みを帯びていることが多い。和名＝岩菖蒲　⬆20～40㎝　✻5～6㎜

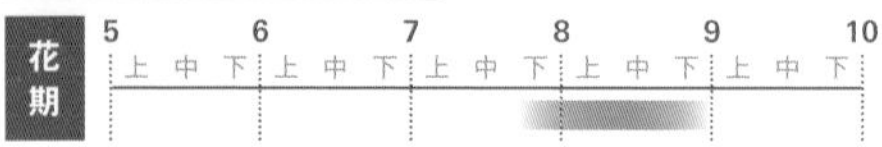

ワレモコウ

バラ科

山野の日当たりのよい草地に生える多年草。葉は奇数羽状複葉で、枝先に暗紅色の小さな花が集まった穂を付ける。花弁はなく、萼片が花のように見える。和名＝吾木香　⬆50～100㎝　✻1～2㎝（花穂）

ウメバチソウ

ユキノシタ科

山野の湿った草地に生える多年草。尾瀬では大江湿原や尾瀬ヶ原の木道周辺、乾いた感じの湿原でも見られる。花名は花の形が梅鉢の紋に似ていることによる。和名＝梅鉢草　⬆20～30㎝　✻約2㎝

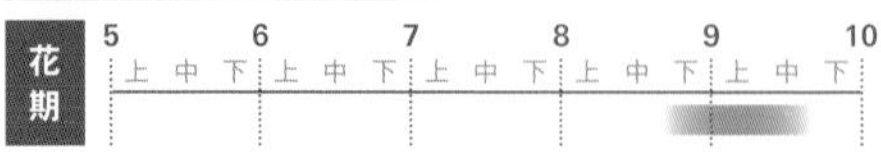

エゾリンドウ

リンドウ科

山地から亜高山帯の草地などに生える多年草。尾瀬沼周辺や尾瀬ヶ原などで見られ、尾瀬では秋を告げる花として親しまれている。花は茎の上部の葉の付け根や先端に付く。和名＝蝦夷竜胆　⬆20～50㎝　✻3～5㎝

尾瀬の花図鑑②

稜線を彩る花々

尾瀬を代表する高山・至仏山と燧ヶ岳の稜線に咲く代表的な高山植物を紹介する。至仏山には希少種も多く、7月中旬に花の最盛期を迎える。

＊花期はその年の気象状況や場所（標高）などによって前後することがあります。
＊⬆印は平均的な背丈、✽印は平均的な花（花冠）の直径または長さを示します。

クモイイカリソウ
メギ科
至仏山と谷川岳の特産種で、蛇紋岩地の岩場に生える多年草。花名の由来は花の形が船のイカリに似ていることから。花は淡黄色で、茎の先端に2～4個程度まばらに付ける。和名＝雲居碇草　⬆15～25㎝　✽1.5～2㎝

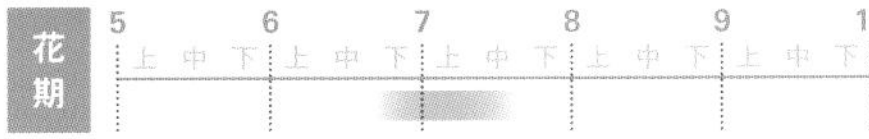

キバナノコマノツメ
スミレ科
高山帯の湿り気の多い草原や岩の隙間などに生える。葉は直径2㎝ほどの腎臓形で、薄く光沢はない。花柄の先に鮮やかな黄色の花を1個だけ付ける。和名＝黄花の駒の爪　⬆10～20㎝　✽約1㎝

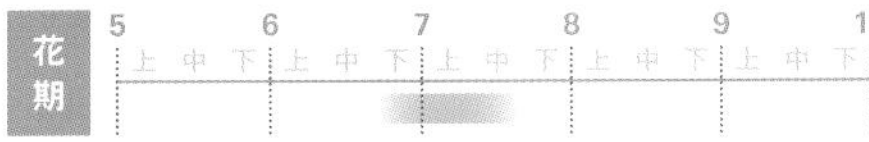

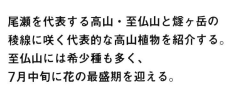

ユキワリソウ
サクラソウ科
雪解けとともに咲くことでこの名がある。亜高山帯の岩場や湿地の近くなどに生える多年草。葉は小ぶりで、長い花茎を伸ばし、先端に淡紅紫の花を3～15個ほど付ける。和名＝雪割草　⬆5～15㎝　✽約1㎝

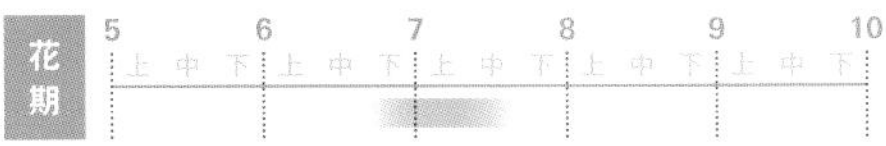

ハクサンシャクナゲ
ツツジ属
亜高山帯から高山帯の林内に生える常緑低木。花は枝先に5～10個付き、白またはわずかに紅色を帯び、内側に緑色の斑点があるのが特徴。葉の縁は裏側に巻き込む。和名＝白山石楠花　⬆1～3m　✽3～4㎝

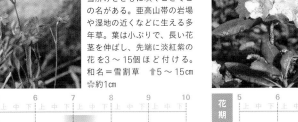

ミヤマダイモンジソウ
ユキノシタ科
至仏山など高山帯の草地に生える。ダイモンジソウの高山型で、花茎の先端に5弁の白い花を付ける。花弁の大きさは不ぞろいで、下側の2個が長いため「大」の字に見える。和名＝深山大文字草　⬆10～20㎝　✽約2㎝

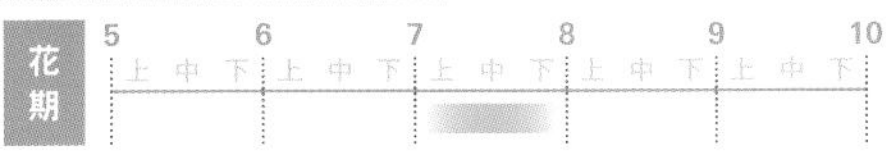

ハクサンイチゲ
キンポウゲ科
高山帯の草地に生える多年草。至仏山稜線の草地でもよく見られる。雪解けが進んだ所から次々と芽を出し、大群落を作る。白い花弁のように見えるのは萼片。和名＝白山一花　⬆30～40㎝　✽2～2.5㎝

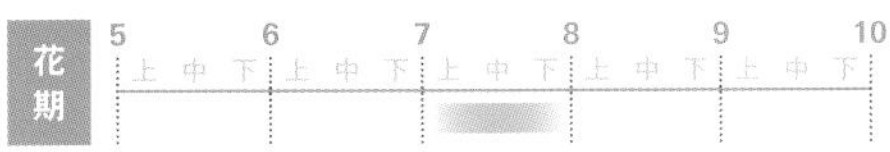

シナノキンバイ

キンポウゲ科

高山の湿った草原に生え、尾瀬では至仏山の周辺や大江湿原などでも見られる。信州の山に多く見られることからこの名がある。黄色い花弁のように見えるのは萼片。和名＝信濃金梅　⬆20～50㎝　✻3～5㎝

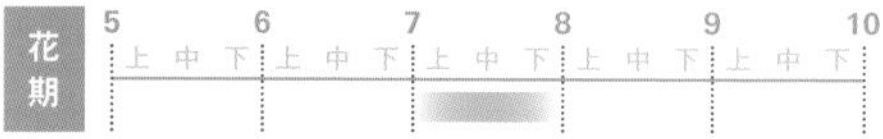

オゼソウ

ユリ科

至仏山と谷川岳の特産種で、蛇紋岩地の湿った草地に生える。尾瀬の至仏山で最初に発見されたことからその名が付いた。黄緑色の小さな花を総状にたくさん付ける。和名＝尾瀬草　⬆10～20㎝　✻約5㎜

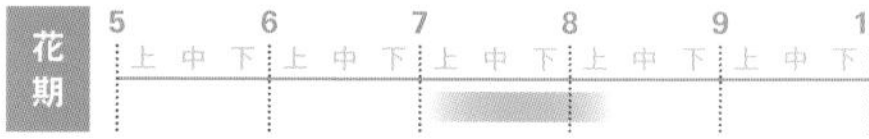

ジョウシュウアズマギク

キク科

至仏山と谷川岳の蛇紋岩地に生える特産種。ミヤマアズマギクの変種と考えられるが、それよりも葉が細かく、花茎には長毛と短毛が生えやや暗褐色を帯びている。和名＝上州東菊　⬆10～20㎝　✻約2.5㎝

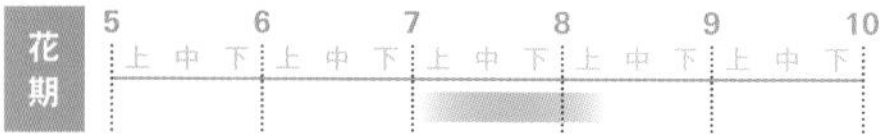

ホソバヒナウスユキソウ

キク科

ミヤマウスユキソウの変種で、至仏山と谷川岳周辺に特産する。母種と比べて細い葉が特徴。白い花のように見えるのは苞葉で、中心に黄色い頭花が集まっている。和名＝細葉雛薄雪草　⬆10～20㎝　✻約5㎜（頭花）

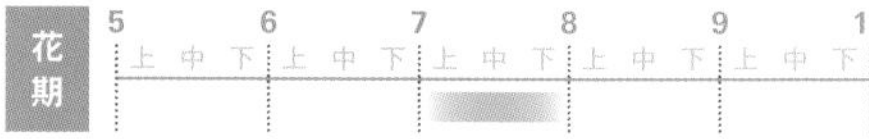

イブキジャコウソウ

シソ科

尾瀬では至仏山と笠ヶ岳でしか見られないが、低山から高山帯まで日当たりのよい草地や岩礫地に生える小低木。滋賀県の伊吹山に多く、芳香があることから名付けられた。和名＝伊吹麝香草　⬆3～15㎝　✻5～8㎜

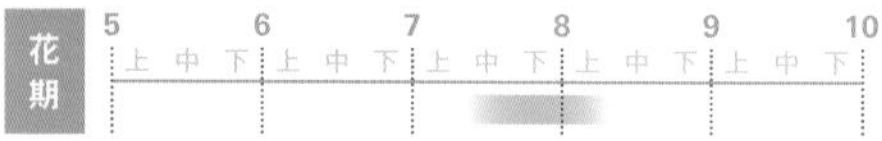

マルバイワシモツケ

バラ科

至仏山のほか三陸地方や長野県の山地帯から亜高山帯に分布する落葉低木。イワシモツケと比べ葉や花が大きく、その名のように葉はほぼ円形なのが特徴。和名＝丸葉岩下野　⬆50～100㎝　✻約1㎝

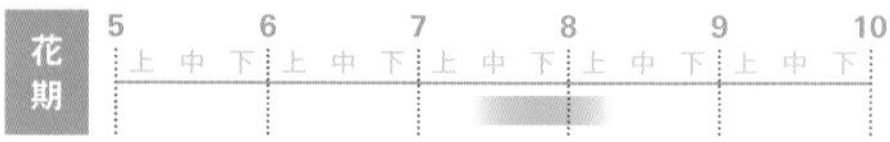

タカネバラ

バラ科

本州中部地方以北、四国などに分布。尾瀬では至仏山などの高山に生える。枝に細いトゲがたくさんあり、葉の縁は鋭い鋸歯状。花は枝先に1個付ける。別名タカネイバラ。和名＝高嶺薔薇　⬆20～100㎝　✻4～5㎝

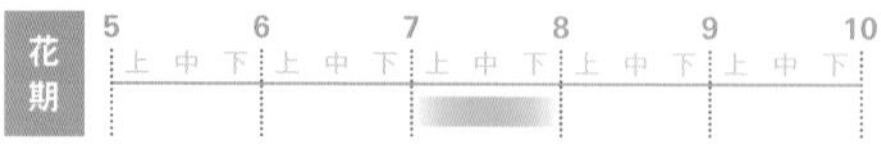

ウメハタザオ

アブラナ科

低地に生えるイワハタザオの高山型とされ、至仏山と中部地方の高山帯の礫地に生える。イワハタザオに比べ背丈は低いが花は大きい。葉の鋸歯が浅いのも特徴。和名＝梅旗竿　⬆20～30㎝　✻約2㎝

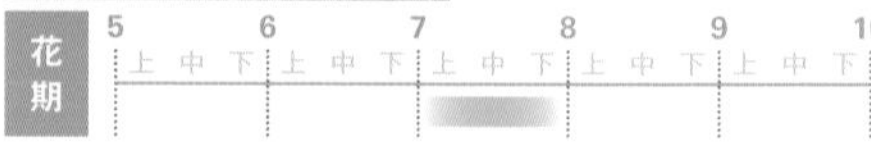

ムシトリスミレ

タヌキモ科

深山の湿った草地や岩壁に生える食虫植物。根本に広がる葉から消化粘液を出して虫を捕える。花は長く伸びた花茎の先に1個付き、スミレの花に似ている。和名＝虫取菫 ⬆10～15cm ✲約2cm

花期 5 6 7 8 9 10

タカネシオガマ

シオガマギク科

高山帯の草地に生える一年草。尾瀬では至仏山山頂周辺の草地に生える。葉は4枚が輪生し、深い切れ込みがある。花は花茎の先端に段状に密に付け、下から順に咲く。和名＝高嶺塩竈 ⬆10～20cm ✲1～1.5cm

花期 5 6 7 8 9 10

キンロバイ

バラ科

至仏山や南アルプスの北岳、早池峰山などの蛇紋岩地や石灰岩地に生育する落葉低木。梅の花に形が似た、鮮やかな黄色の花を付けることからこの名がある。和名＝金露梅 ⬆30～100cm ✲約2cm

花期 5 6 7 8 9 10

タカネトウウチソウ

バラ科

限られた高山に分布する希少種。尾瀬では至仏山で見られる。長い花茎に小さな花をたくさん付けるが、花弁はなく、長い雄しべが穂状になり下から上に咲いていく。和名＝高嶺唐打草 ⬆40～80cm ✲3～8cm（花序）

花期 5 6 7 8 9 10

ジョウシュウオニアザミ

キク科

至仏山や上越国境など、群馬県から新潟県にかけての山地から亜高山帯に特産する多年草。ニッコウアザミとオニアザミの雑種が起源と考えられている。和名＝上州鬼薊 ⬆60～90cm ✲3～5cm

花期 5 6 7 8 9 10

ヒメシャジン

キキョウ科

亜高山帯から高山帯に生える多年草で、尾瀬では至仏山周辺の岩礫地などに生える。葉は先は鋭く尖り、縁は鋸歯状。花は鐘形で、茎の上部に1～数個をまばらに付ける。和名＝姫沙参 ⬆20～40cm ✲1.5～2.5cm

花期 5 6 7 8 9 10

ホソバツメクサ

ナデシコ科

北海道と本州中部地方以北の高山帯の砂礫地に生える。別名はコバノツメクサ。名前のように葉が細い線形で、5枚の花弁の隙間から尖った萼片が見えるのが特徴。和名＝細葉爪草 ⬆2～8cm ✲約5mm

花期 5 6 7 8 9 10

オヤマリンドウ

リンドウ科

亜高山帯から高山帯の草地などに生える多年草。エゾリンドウと似ているが、花は茎の先に集まって付き、花冠はあまり開かず、蕾のように見えるのが特徴。和名＝御山竜胆 ⬆20～50cm ✲2～3cm

花期 5 6 7 8 9 10

尾瀬撮影ベストポイント15

尾瀬ヶ原は、地形や生育する植物の希少性はもちろん、景観の美しさも特筆される。初夏から盛夏、初秋から中秋・晩秋どの季節も味わい深く、湿原、池塘、山が織りなす絶妙な造形と色彩は、訪れた人を感動させる。

ここでは尾瀬全域から特に優れた15のビューポイントをあげ、いくつかの尾瀬特有の景観を紹介する。コースガイド掲載の写真と合わせて撮影時の参考にしていただきたい(花の咲き具合は年により異なる)。

①尾瀬植物研究見本園（おぜしょくぶつけんきゅうみほんえん）

尾瀬の植物の大半が観察できる。中でもミズバショウの大群落は特筆もの。至仏山の景観に優れて開放感にあふれる。

山ノ鼻近くの周遊道。ミズバショウとリュウキンカが木道沿いに咲く

草紅葉に覆われる見本園。正面は至仏山

6月下旬の広大なワタスゲ群落

② 高天ヶ原（たかまがはら）

至仏山の東直下にあり、早朝（日の出時）の尾瀬ヶ原の俯瞰と遠望する燧ヶ岳がよい。また塩基性の岩肌には貴重な高山植物が咲く。

お花畑の斜面と北側の越後山脈遠望

朝霧に包まれた尾瀬ヶ原と燧ヶ岳

階段状の木道がある高天ヶ原直下

塩基性植物で特産種のシブツアサツキ

③ 上田代（かみたしろ）

大小の池塘が配置よく広がる湿原。その数にも圧倒される。水面をのぞけば清楚な水生植物の姿があり、紅葉した葉も美しい。

大小の池塘には水生植物が繁茂する

上ノ大堀畔に咲くミズバショウ

山際の湿原で咲くサワギキョウ

至仏山をバックにした秋の上田代

④下ノ大堀

湿原を横断する水流、ミズバショウ・ニッコウキスゲ群落、そして至仏山との組み合わせは尾瀬一番のビューポイント。

新緑が美しい下ノ大堀付近

秋の池塘。中景は沼尻川の拠水林

ミズバショウの大群落地となる下ノ大堀の水辺。シラカバがアクセントとなる

池塘に生息するアカハライモリ

池塘を覆うヒツジグサの葉と白い花

7月下旬にニッコウキスゲが群落を作る

⑤竜宮十字路（りゅうぐうじゅうじろ）

池塘の豊富さと美しさで知られるが、南側の長沢拠水林近くの湿原はミズバショウ、リュウキンカ群落の隠れた撮影地。

池塘は撮影被写体として写真愛好家に一番好まれる

拠水林近くのミズバショウとリュウキンカ群落

9月下旬の竜宮小屋上空に現われた「クジラ型」の雲。湿原はすっかり秋の風情だ

整然と生えるヤマドリゼンマイ群落

至仏山と浮島のある大きな池塘

⑥アヤメ平(だいら)

キンコウカの紅葉が、ビロードのように広がって輝く秋の湿原がよい。また、燧ヶ岳や至仏山の頂上を間近に望む好展望地。

紅葉する湿原と燧ヶ岳

広大な湿原の上には青空が広がる

アヤメ平付近からの武尊山

樹下で見つけたベニテングダケ

⑦ヨッピ道(みち)

尾瀬ヶ原を別角度から見る好展望の道。池塘が点在し、広い空が伸びやかな尾瀬を感じる。ニッコウキスゲの「海」ともなる

夏の池塘を観察する人々

ニッコウキスゲの海を行く

秋の池塘と倒影する燧ヶ岳

至仏山上空の雲（牛首分岐付近）

⑧三条ノ滝

秋は滝を包む紅葉との組み合わせが美しい。また水量の増える6 〜 7月は、尾瀬中の水が落下するような豪快さがよい。

只見川の水を勢いよく落下させる

紅葉が滝の落ち口を美しく彩る

10月の滝周辺は「錦繍の秋」スポット

紅葉の赤色の基調はハウチワカエデだ

⑨赤田代

ミズバショウとリュウキンカが群落を形成する6 〜 7月がベスト。また湿原がヨシの紅葉で埋まる秋の明るい景観もすばらしい。

ミズバショウと残雪の燧ヶ岳頂上

シラカバと笹、そして樹林の紅葉と草紅葉が美しい秋

雪解け水に浸るリュウキンカ

木道脇のリュウキンカとミズバショウ

⑩ 燧ヶ岳（ひうちがたけ）

東北一の標高を誇る、四方の山々を望む大展望台だ。また俎嵓、柴安嵓からそれぞれ俯瞰する尾瀬沼と尾瀬ヶ原も特筆される。

俎嵓直下から見た会津駒ヶ岳

俎嵓頂上から見下ろした尾瀬沼

俎嵓直下からの燧ヶ岳最高点・柴安嵓。左は尾瀬ヶ原と至仏山

巨岩が積み重なる柴安嵓頂上

柴安嵓の斜面越しに望む越後方面の山々

⑪ 熊沢田代（くまざわたしろ）

広い尾根上に広がる興味深い地形と、そこにうねるように続く木道との取り合わせが面白い。秋は草紅葉が美しい。

満々と水をたたえる熊沢田代の池塘

燧ヶ岳を背に湿原を蛇行する木道

池塘と木道とが絶妙な造形美を見せる

キンコウカの群落が湿原を彩る

⑫ 上田代（うわたしろ）

燧裏林道にあり、広い傾斜湿原からは、越後の山々や会津駒ヶ岳に続く山稜が眺められる。クリアな空気に包まれる秋は景観がより鮮明だ。

傾斜湿原の典型的な形の上田代

針葉樹の緑と草紅葉

風の通り道でもあり、樹木は歪曲している

左写真の秋の景観

⑬沼尻（ぬまじり）

尾瀬沼エリアで唯一池塘があり、沼との組み合わせが美しい。また針葉樹の緑と沼畔の紅葉した樹木のコントラストが面白い。

沼尻の池塘は複雑に入り組み、形も多様だ

初夏のみずみずしい沼尻平の湿原と沼尻休憩所

満々と水をたたえる尾瀬沼と水辺に柔らかく広がる水草のフトイ（沼尻近くの北岸道で）

沼尻川の流出口付近のヒオウギアヤメ

秋の池塘。ヒツジグサの紅葉が見事だ

⑭大江湿原（おおえしつげん）

尾瀬中でもニッコウキスゲ群落は特筆される。また、燧ヶ岳や尾瀬沼畔近くの三本カラマツなど写真の題材が豊富だ。

ニッコウキスゲの群生する湿原から燧ヶ岳を臨む

ダケカンバと笹と草紅葉の秋の湿原

花が終わり秋の気配を感じる湿原

ワタスゲの白とレンゲツツジの赤が緑に映える。奥はシンボルの三本カラマツ

⑮尾瀬沼東岸（おぜぬまとうがん）

沼を真正面にする地で、均整のとれた燧ヶ岳の姿も圧倒的に大きい。日の出前、朝霧が立つ沼の姿は幻想的だ。

朝の尾瀬沼東岸。尾瀬沼が霧に包まれる

紅葉に包まれた秋の燧ヶ岳

森の中に点在する東岸の施設群

釜ッ堀りのミズバショウ群落

山小屋に泊まってみよう

尾瀬は夜行バスやマイカーを利用すれば日帰りできるコースが多い。しかし、要所に建つ山小屋を上手に活用すれば行動範囲が広がり、尾瀬の自然をより豊かに味わうことができるようになる。ビギナーには少し敷居が高く感じられるかもしれないが、一度泊まってしまえば意外と快適で、山の新たな魅力を発見できるだろう。

尾瀬の山小屋は「完全予約制」

尾瀬の山小屋の最大の特徴は完全予約制を採用している点だ。本来、山小屋は緊急避難施設としての役割も担っているので、宿泊を断るということはない。

尾瀬も以前はそのような形だったのだが、シーズン中の週末や、ミズバショウやニッコウキスゲなど花の最盛期には多くの宿泊客が押し寄せ、それにより、1人あたりの宿泊スペースの確保や大量の糞尿処理など、オーバーユースに伴う諸問題が生じ、抜本的な対策が迫られた。そして協議の末、平成4年から現在のような完全予約制となった。

利用のポイント

完全予約制とはいえ、花の最盛期や紅葉のシーズンは混雑し、予約を取れなかったり、取れても相部屋かつスペースは畳1畳に1人ということもある。それを避けるためには、週末の利用を避けること。山小屋が満杯ということは、木道も人でごったがえし、のんびりと花を楽しむ余裕などない状況になることもある。

それでもなかなか平日休みが…という場合は、最盛期の1週前（後）を狙ってみよう。意外と空いていることがある。また、見晴や竜宮など尾瀬ヶ原の核心部の山小屋が混雑していても、少し離れた山小屋（東電小屋や温泉小屋など）では空いていることもあるので狙う価値はある。

山小屋の泊まり方

【出発前に予約】 宿泊したい山小屋に電話を入れ、❶利用する日程・到着予定時間❷人数❸食事の有無❹氏名・連絡先（グループの場合は代表者）をつたえる。小屋によってはホームページから予約できるところもある。

予約の受け付けは、早い所では1月から開始する。それでも3月にはミズバショウ目当ての利用者で早々に満員になることも。

キャンセルの場合は、早めに電話でつたえる。

【小屋到着後】 なるべく16時までに到着しておく。到着次第フロントで手続きをする。予約内容のチェックや翌日の昼食用の弁当（有料）の有無、早発ちの場合の食事方法（弁当にしてもらうこともできる）などをつたえる。大半の山小屋はこの時点で宿泊費を支払う。受け付けが終わると、部屋と入浴、夕食や朝食の時間を教えてくれる。

【小屋での過ごし方】 夕食はおおよそ17～19時の間に取る。尾瀬の山小屋の多くには風呂があるので、食事の前までに入浴を済ませておこう。入浴の際は自然環境への影響を考え、石鹸やシャンプーの使用は控えよう。

夕食後は自由時間となる。消灯は21時なので、その前に寝る準備を整え、枕元にライトや水などを用意しておく。他の宿泊客が起きている間に整理しておくのがマナーだ。

【翌日は？】 朝食は6時前後から。朝食後は当日のコースを確認し、小屋のスタッフに道や天気の状況を聞く。水の補給と注文した弁当を受け取り、トイレを済ませたら出発する。

山小屋の活用術

【自然観察の拠点に】 尾瀬で特に印象深いのは朝夕の風景と夜空だ。これらは日帰りでは味わえない。夕食をすませたらヘッドランプを持って、踏み外しに注意しながら木道を歩いてみよう。天の川に流れ星、夏ならホタルが舞っているかもしれない。朝食前の木道散策も楽しい。朝霧や白虹（霧虹）に出会えた時のためにカメラは忘れずに（虹についてはP30「自然かんさつ手帳」参照）。

【快適グッズ】 山小屋の夜、眠りを妨げるのはイビキだ。眠れないと翌日の行動に響くだけに、ここは耳栓で自己防衛しよう。いまどき、夜になると真っ暗な山小屋も少ないが、枕元にはヘッドランプを置いておきたい。点ける時は人の顔を照らさないように。枕元には水筒も用意しておこう。汗をかいた日の夜はけっこう喉が渇くのだ。

【スマホの予備バッテリーを持つ】 尾瀬では2018年頃から山小屋付近では4GLTEのau、山小屋内のロビーでは「OZE GREEN Wi-Fi」が使えるようになった。とはいえ、コンセントのない部屋もまだまだ多いだけに、撮影などでスマホを頻繁に使う人は予備バッテリーを持って行くといいだろう。

感染症の時代の山小屋ライフ

2020年春から全世界で流行を続ける新型コロナウイルスを例に挙げるまでもなく、これからもいつ何時、新たな感染症が発生するのか予測がつかない。新型コロナウイルスの感染症対策がスタンダードになるかどうかは別として、山の中でも感染症の危険は無視できなくなってきた。いまも尾瀬の各山小屋では新型コロナウイルス対策がしっかりと実施されているが（対策内容については各山小屋のホームページを参照のこと）、はたしてコロナ後も、以前のように無自覚な利用ができるかどうか。登山者にとっても面倒な時代に入っているのかもしれない。

宿泊ガイド①

尾瀬の山小屋

尾瀬ヶ原、尾瀬沼を中心に20軒の山小屋が建っている。宿泊だけでなく、売店や食堂としても利用できる小屋も多い。

＊内容およびデータは2021年3月現在のものです。利用にあたっては、必ず現地に問い合わせをしましょう（料金は宿泊する部屋や同行人数により異なります）。

鳩待峠　☎0278-58-7311

鳩待山荘（はとまち）

尾瀬ヶ原の群馬県側の玄関口に建つ

尾瀬ヶ原や至仏山、アヤメ平への拠点となる鳩待峠に建つ東京パワーテクノロジー経営の山小屋。尾瀬ヶ原の散策や至仏山登山は日帰りも可能だが、宿泊すれば早発ちができるので、より余裕のある行動が取れる。他の山小屋が混雑する花の最盛期でも比較的余裕がある。食事は冷凍品を多用せず、手作りのものを心がけている。日帰り入浴も可能（11～14時・500円。2021年未定）で、休憩所としても利用できる（1時間700円）。

DATA…料1泊2食付9000円～　素泊まり6000円～
営4月下旬～10月中旬　収容66人

山ノ鼻　☎0278-58-7311

至仏山荘（しぶつ）

2階ベランダからの至仏山の眺望

鳩待峠から山ノ鼻に入ってすぐ右にある、東京パワーテクノロジー経営の山小屋。全11室ある部屋には「わたすげ」「おぜこうほね」など、尾瀬に咲く花の名前が付けられている。宿泊だけでなく売店や食堂としても利用ができ、なかでも好評なのが、東京パワーテクノロジーオリジナルの「花豆ソフトクリーム」。立ち寄り入浴もできるほか（17～19時・500円。実施しない日あり）、山の鼻キャンプ場（P153）の受け付けもしている。

DATA…料1泊2食付9000円～　素泊まり6000円～
営4月下旬～10月中旬　収容73人

売店あり　食事のみ利用可　個室あり　風呂あり　ホームページあり

山ノ鼻　☎0278-58-4158

尾瀬（おぜ）ロッジ

朝霧煙る尾瀬のすばらしい景観

山ノ鼻の一番東側に建つ公営の国民宿舎。個室タイプの客室が22室あり、グループやファミリー登山にも適している。玄関側の部屋からは至仏山が、東側の部屋からは拠水林越しに山ノ鼻田代や上田代方面の景観が眺められる。夕食は地元産の食材（キノコ・野菜など）を使用した、ボリュームたっぷりな肉料理が中心。立ち寄り入浴もできる（2021年は未定）。

DATA…料1泊2食付13000円　素泊まり9000円
営GW、5月下旬～10月下旬（変動あり）　収容100人

山ノ鼻　☎0278-58-7411

山（やま）の鼻（はな）小屋

昼の軽食営業はメニューが充実

創業は昭和8年と、尾瀬の中でも伝統のある山小屋のひとつ。休憩所前の広場を右折してすぐの所に建っている。山ノ鼻では唯一の個人経営の山小屋で、アットホームな雰囲気。4畳半～12畳まで全19室あり、なるべく個室利用ができるように配慮してくれる。また、浴槽に満たされたお湯が薬草湯なのも嬉しい。10～14時（変動あり）は軽食処を営業していて、メニューの豊富さが自慢。

DATA…料1泊2食付10000円～　素泊まり7000円～
営4月下旬～10月下旬　収容100人

竜宮十字路　☎0278-58-7301

龍宮（りゅうぐう）小屋

湿原の花に彩られた山小屋

尾瀬ヶ原のほぼ中央の竜宮十字路にあり、建物は湿原や花に囲まれた好ロケーション。それだけに、連泊して終日花を観賞する人や、撮影に励む写真愛好家も多い。また、鳩待峠からの日帰りハイクはここで折り返す人が多いため、昼間は食堂が賑わいを見せている。夕食は魚や煮物などの和食メニューが中心となっている。

DATA…料1泊2食付11000円～　素泊まり7500円～
営4月下旬～10月下旬　収容74人

ヨシッ堀　☎0278-58-7311

東電（とうでん）小屋

尾瀬の山小屋で唯一新潟県に所属

尾瀬ヶ原の北端、ヨシッ堀にある東京パワーテクノロジー経営の山小屋。尾瀬の山小屋では唯一新潟県に所属している。一段高い位置に建っているだけに眺めがよく、湿原や燧ヶ岳などが見渡せる絶好の撮影ポイントとなっている。環境保護モデル地区として、太陽光発電によるエコなエネルギーをいち早く採用している。本館2階談話室には自然関係図書や望遠鏡がある。

DATA…料1泊2食付9000円～　素泊まり6000円～
営5月下旬～10月中旬　収容90人

見晴　☎090-3405-6460

桧枝岐（ひのえまた）小屋

「ひげくま」の愛称で親しまれる名物主人

下田代十字路の真ん中に位置し、繁忙期以外は個室利用ができる。小屋の主人である萩原英雄さんの愛称が屋号の喫茶「ひげくま」は、カレーや山菜うどんなどの軽食やコーヒー、お汁粉など、豊富なメニューがそろう。比較的空いている時期に限られるが、ご主人が朝夕30分ほど周辺を案内してくれる。

DATA…料1泊2食付9600円～　素泊まり6600円～（2020年の料金、2021年料金改定予定）
営4月下旬～10月下旬　収容100人

見晴　☎090-8316-2864

弥四郎（やしろう）小屋

レトロな建物で名物のコーヒーを

収容人数200人と、見晴では最大規模の山小屋。6軒の小屋の中では最も尾瀬ヶ原側に位置している。それだけに眺めがすばらしく、部屋にいながらにして湿原の景観を楽しむことができる。コーヒースポットでは「弥四郎清水」の水で入れた、挽きたてのコーヒーが味わえる。売店焼きたてのパンも人気が高い。

DATA…料1泊2食付9900円～
営5月下旬～10月中旬　収容200人

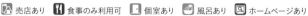

売店あり　食事のみ利用可　個室あり　風呂あり　ホームページあり

見晴　☎0278-58-7100

第二長蔵小屋（だいにちょうぞうごや）

テラスからの尾瀬ヶ原の眺望

尾瀬沼東岸にある長蔵小屋系列の山小屋で、見晴にある６軒の小屋の中で最も尾瀬沼側に位置している。玄関を入るとすぐに売店があり、長蔵小屋オリジナルの土産物を買うことができる。1名でも個室の利用ができる（数に限りあり）。年により内容は異なるが、小屋主催のトレッキングツアーやホタル鑑賞などのイベントが行なわれている（2021年は中止）。

DATA…料1泊2食付9500円～
営5月下旬～10月中旬　収容70人

見晴　☎090-8921-8342

尾瀬小屋（おぜごや）

テラスからの尾瀬ヶ原の景観は感動的

尾瀬ヶ原の中心地にあり、古きよき山小屋の風情を残す、清潔感のある山小屋だ。薪ストーブのある広々とした談話室での尾瀬上映会も好評。尾瀬の伏流水を使った風呂のほか、尾瀬ヶ原を望むテラス席、コインロッカーや雨天時の乾燥室・モンベルオリジナルコーナーのある売店など施設も充実している。部屋は個室から大部屋まで多数そろうが、個室利用については早めに予約を。

DATA…料1泊2食付9900円～　素泊まり7040円～
営5月下旬～10月上旬（変動あり）　収容200人

見晴　☎090-8921-8314

原の小屋（はらのこや）

「居心地のよい小屋」として人気

創業約60年、切妻尾根が目印の山小屋。竜宮から来た場合、メインとなる通りの右手奥に建っている。約30室と部屋数が比較的多いので、基本的に個室料金なしで個室の利用ができる。男女別の広々とした風呂やウォシュレット付きトイレ、フリーWi-Fi（KDDIのみ）など、設備が充実している。隣接する別館には、ドリップコーヒーなどがいただける「原の小屋カフェ」や無料休憩所がある。

DATA…料1泊2食付10000円～　素泊まり7000円～
営5月下旬～10月中旬（2021年未定）　収容70人

見晴　☎090-9749-1319

燧小屋（ひうちごや）

見晴で静かに過ごすならここ

見晴の最奥、キャンプ場や見晴休憩所に近接する。見晴と尾瀬沼を結ぶメインルートから一歩裏手にあるので、静かにくつろげる。収容人数は100人弱とあまり多いわけではないが、立地のせいか繁忙期でも比較的予約が取りやすい。ウォシュレット付きトイレや乾燥室を兼ねた談話室などの設備のほか、山菜やマイタケなどを使った手作りの料理も味わえる。見晴キャンプ場（P153）の管理も行っている。

DATA…料1泊2食付10000円～　素泊まり6000円～
営4月末～10月末　収容90人

赤田代　☎0278-58-7311

元湯山荘（もとゆさんそう）

温泉の湧く、快適な一夜が過ごせる山小屋

燧裏林道や三条ノ滝などへの拠点となる、赤田代の北側に建つ東京パワーテクノロジー経営の山小屋。「元湯」の名が付く通り、沸かし湯ながらも温泉（鉱泉）が楽しめる（立ち寄り入浴も14～20時の間で利用可・500円）。風呂は洗い場、浴槽ともに広く、また、全室個室で利用できる客室には踏み込みスペースや排煙装置が付くなど、快適に過ごすことができる（2021年営業休止予定）。

DATA…料1泊2食付9000円～　素泊まり6000円～
営5月下旬～10月中旬　収容97人

赤田代　☎080-6601-3394

温泉小屋（おんせんごや）

赤田代を眺めながらの食事は格別

赤田代北側にある、テラスカフェが人気の小屋。昭和７年の創業は尾瀬では２番目に古い山小屋。小屋名の通り鉄分を含んだ赤っぽい約20度の冷泉が湧出し、浴槽には源泉を加熱したお湯が満たされている。泉質はカルシウム–硫酸塩冷鉱泉で、筋肉痛や疲労回復によい。比較的新しい本館と山小屋風の別館があり、本館にはレディースルームも。食事にも定評がある。

DATA…料1泊2食付9900～14300円　営5月下旬～8月下旬、9月中旬～10月中旬　収容80人

尾瀬沼東岸　☎080-5734-7272

尾瀬沼（おぜぬま）ヒュッテ

繁忙期でも個室に泊まれる

福島県側の尾瀬の玄関口・沼山峠から約1時間、尾瀬沼東岸にある檜枝岐村営の山小屋。全33室あり、繁忙期でも相部屋にはしないので、家族やグループ登山に最適。各部屋は窓が大きく、沼側の部屋からは燧ヶ岳の絶景が眺められる。ウォシュレット付きのトイレやタオル、歯ブラシも用意されている。立ち寄り入浴（17～18時・500円。2021年未定）ができるほか、尾瀬沼キャンプ場（P153）の管理も行っている。

DATA…料1泊2食付8500円～　素泊まり6000円～
営5月下旬～10月下旬　収容112人

尾瀬沼東岸　☎0278-58-7100

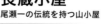

長蔵（ちょうぞう）小屋

尾瀬一の伝統を持つ山小屋

尾瀬の開拓者・平野長蔵により明治23年に開設された（開設当時は沼尻にあった）、尾瀬で最も歴史のある山小屋。尾瀬沼ヒュッテからさらに尾瀬沼寄りに建つだけに、景観は抜群。本館や別館などの施設があり、なかでも本館はコバ板葺きの屋根や黒光りする木の廊下など、歴史を感じさせる重厚な木造建築だ。夜には星空観察会（無料）が行われることもある。

DATA…料1泊2食付9500円　素泊まり6500円
営4月下旬～10月中旬　収容180人

三平下　☎0278-58-7311

尾瀬沼（おぜぬま）山荘

尾瀬沼と燧ヶ岳のビューポイント

大清水バス停から約2時間半、尾瀬沼南岸の三平下にある東京パワーテクノロジー経営の山小屋。1階には食堂や浴室など、2階は客室が中心。売店と食堂が入った別棟（尾瀬沼休憩所）もある。部屋からは幻想的な尾瀬沼と秀麗な燧ヶ岳が存分に堪能できる。部屋は全室個室で利用可能（1名利用の場合は原則相部屋となる）。

DATA…料1泊2食付9000円～　素泊まり6000円～
営5月下旬～10月中旬　収容50人

大清水　☎0278-58-7370

大清水（おおしみず）小屋

バス停前だけに買い物や食事に最適

大清水バス停の戸倉寄りに建っている。1階が売店と食堂、2階が宿泊施設となっている。食堂は7時頃から営業しており、宿泊客と同じ朝食（朝定食）が食べられる。小屋の裏手には「ミニ尾瀬」と呼ばれる大清水湿原があり、ゴールデンウイーク頃にはたくさんのミズバショウが湿原を彩る（2020年休業、2021年営業未定）。

DATA…料1泊2食付7000円
営5月～10月　収容15人

御池　☎090-7064-4184

尾瀬御池（おぜみいけ）ロッジ

福島県側の尾瀬の拠点に建つ

燧ヶ岳や燧裏林道の登山口、そして沼山峠へのシャトルバスが発着する御池の一角にある。部屋は全19室あり、いっさい相部屋にはしない。自慢の湿原を望む展望風呂は、12時～16時30分の間なら宿泊客以外でも入浴ができる（500円・立ち寄り入浴は2021年未定）。館内には「尾瀬橅の森ミュージアム」が併設され、尾瀬に関する資料や情報などを提供している。前泊して翌日歩くコースの知識を深めるのもおすすめ。

DATA…料1泊2食付10000円～　素泊まり8000円～
営4月下旬～10月下旬　収容60人

七入　☎0241-75-2434

七入（なないり）山荘

檜枝岐の味覚満載の食事が人気

国道352号上の七入バス停から少し奥まった位置にある、カラマツの林に囲まれた一軒宿。自慢は地元産の食材をふんだんに使った料理。清流で育てたイワナのお刺身や塩焼き、女将手打ちの裁ち蕎麦など、檜枝岐の旬の味覚が満載。小屋周辺のオリジナルツアーの催行のほか、御池や会津駒ヶ岳の登山口などへ無料で送迎してもらうことができる（いずれも宿泊客のみ）。

DATA…料1泊2食付9900円～　素泊まり6660円～
営4月下旬～11月上旬　収容40人

売店あり　食事のみ利用可　個室あり　風呂あり　ホームページあり

尾瀬のキャンプ場

尾瀬には3カ所のキャンプ指定地がある。近年のテント泊人気も相まって賑わいをみせている。

＊内容およびデータは2021年3月現在のものです。利用にあたっては、必ず現地に問い合わせをしましょう。

山ノ鼻　☎0278-58-7311

山の鼻キャンプ場

群馬県側唯一のキャンプ場

山の鼻ビジターセンターと至仏山荘の前にある、テント30張分のこぢんまりしたキャンプ場。利用の際は至仏山荘に予約をしておく必要がある。区画分けはされていないので、好みの場所を見つけてテントを張ることになる。水場やトイレ（チップ制）は完備しているが、テントの貸し出しはしていないので、持参する必要がある。

DATA…料1人1泊1000円
営4月下旬～10月中旬　収容30張

見晴　☎090-9749-1319

見晴キャンプ場

尾瀬ヶ原最大のキャンプ場

見晴の6軒の山小屋のひとつ燧小屋の裏、見晴休憩所の脇にある。ブナ林に包まれた、静かで広いキャンプ場だ。炊事ができる広い水場と、トイレがある。テントと自炊設備の貸し出しはないが、毛布（1枚200円）の貸し出しは行っている。利用の際の申し込みは燧小屋で行うが、事前予約は必要ない。

DATA…料1人1泊800円
営5月末～10月末　収容約100張

尾瀬沼東岸　☎080-5734-7272

尾瀬沼キャンプ場

利用の際には必ず予約を

尾瀬沼ヒュッテ裏手の林間にあるキャンプ場。テントは28区画ある木製デッキ上に設営するので、利用の際は尾瀬沼ヒュッテに予約をしておく必要がある。廃水が出ないよう、水場が用意されていないので、約200m先の尾瀬沼ビジターセンター向かいにある第2公衆トイレ前の水場を使用する。ただし水場での食材や食器などの洗浄は禁止。また、テント等の貸し出しも行っていない。

DATA…料1人1泊800円
営5月下旬～10月下旬　収容28張

キャンプ場の利用方法

キャンプ場に着いたら、まず管理している山小屋で料金を支払う（料金は1人あたり）。尾瀬沼キャンプ場のようにサイトの区画が決まっている場合はテントに付ける番号札を受け取り、指定のサイトにテントを張る。山の鼻や見晴キャンプ場のようなフリーサイトの場合は、自分の好みの場所を探しテントを張る。なお、キャンプ場の受け付けは13時から。

尾瀬は風呂のある山小屋が多いが、管理先である至仏山荘や尾瀬沼ヒュッテでも、有料（500円）だが宿泊者以外でも入浴できる時間があるので、ぜひ活用したい。

なお、尾瀬は国立公園内にあるため3カ所の指定地以外でのキャンプは厳禁となっている。ほかにもキャンプで出たゴミは持ち帰る、深夜まで騒がないなど、マナーは必ず守ろう。

貴重な自然を守り、安全・快適な山行にするために

尾瀬歩きのルールとマナー

日本の自然保護活動の発祥地とされる尾瀬では、その貴重な生態系を守るために、今も官民一体となって様々な自然保護への取り組みが行われている。毎年約40万人ものハイカーや登山者が訪れるだけに、自然に与える影響は大きく、入山者一人ひとりのマナーの向上が問われている。とはいえ、それは特に難しいことではなく、誰にでもできる「自然や他の登山者に対するちょっとした気遣い」だ。いつまでも美しい尾瀬を守るために、ぜひ実践してほしいいくつかのポイントを紹介しよう。

◉貴重な自然を守るために

尾瀬は国立公園の特別保護地区であり、国の特別天然記念物に指定されている貴重な自然の宝庫。このかけがえのない自然を後世に残すため、「何も持ち去らない、持ち込まない」という大原則が徹底されている。山行の記念にと、落ち葉1枚、小石ひとつでも持ち出すことはできないので注意したい。

尾瀬では各登山口に「種子落としマット」が設置されていて、靴底に付いた土に含まれる雑草の種子などが侵入することを防ぐ対策もなされている。また、尾瀬は近年鹿の食害が深刻化し、大江湿原周辺などに鹿除けゲートが設けられている。通過の際は閉め忘れに注意。尾瀬は熊の生息地でもある。コース中の各所に熊除けの鈴があるが、携帯用の熊除け鈴も用意しておくとよい。行動が盛んな時間帯は、5～9時と16～19時頃とされる。

◉ゴミは必ず持ち帰ろう

尾瀬に限ったことではないが、ゴミの持ち帰りも徹底したい。たとえわずかなゴミでも自然に与える影響はあなどれず、美観も大いに損なうことになる。

昔は「腐らないものは捨ててはいけないが、自然に返るものはよい」などと、まことしやかにいわれたこともあったが、それは誤り。ゴミはすべて持ち帰りが原則だ（残飯のにおいに熊が引き寄せられることも）。事前にゴミを減らす工夫も大切だ。食品はパッケージから出し、密封ケースなどに詰め替えておくのもよい。ビニール袋は多めに持参し、生ゴミは袋を2重、3重にして持ち帰るように心がけたい。

◉木道や登山道での注意点

尾瀬には尾瀬ヶ原や大江湿原などの湿原をはじめ随所に木道が敷設されていて、木道歩きが中心の山行となる。主要なルートは複線となっているので、混雑時は右側通行を守り、一列に並んで歩きたい。単線の木道の場合は、譲り合いの精神でじょうずにすれ違うようにしたい。この際、湿原に足を踏み入れないように注意しよう。

また、狭い木道上での写真撮影は混雑時には通行の妨げになるので、できるだけ休憩場所など広い場所で行いたい。もちろん三脚を湿原に立てるのも厳禁だ。

なお、雨などで濡れた木道は滑りやすく、

種子落としマット（鳩待峠）。靴をマットにこすりつけ、泥をよく落としてから入山する

木道は混雑時は右側通行となる。追い越す際は左側に移動し、追い越し後に右側へ戻る

特に傾斜地に敷かれた木道は非常に滑りやすいので、歩幅を狭めてゆっくりと進み、転倒に注意したい。

また、登山道でのすれ違いは基本的に登り優先が山のルール。落石を防ぐためにも、上にいる人は行動をやめ、下から登ってくる登山者を待つようにしたい。道幅の狭い山腹道などでは、待機する人は山側に身を寄せて慎重にすれ違うようにしよう。

そして木道・山道を問わず、決して登山道を外れて歩かないことを順守したい。湿原やお花畑に踏み入らないことはもちろん、そこが植物のない裸地であったとしても同様だ。

◉ストックを使う際には

足の負担を軽減し、バランスの確保に役立つ有効な登山用具として、近年、山でストックを利用する人が増えている。確かに便利ではあるが、その弊害も各地で報告されている。鋭い石突きで、地面が削られ、登山道に溝ができたり、裸地化するといった問題だ。

ストックを使用する場合は、木道や登山道以外の場所に突かないように心掛けたい。また、木道や地面を傷つけないように、ストックの先端には必ずゴム製のキャップをつけておきたい。

◉タバコマナーも忘れずに

尾瀬では山ノ鼻～竜宮十字路間が禁煙区間に設定されている。また休憩スペースでも喫煙の自粛を呼びかけている場所もあり、もとより歩きタバコは厳禁だ。必ず決められた場所で喫煙し、吸い殻のポイ捨ても絶対にやめたい。喫煙者は必ず携帯用の灰皿を持参するようにしたい。

愛煙家には厳しいが、禁煙エリア以外であっても、ほかに登山者がいる場合はひとこと断ってから吸うのがマナーだろう。

◉トイレは公衆トイレで

トイレは必ず尾瀬の主要ポイントに設置されている公衆トイレを利用しよう。小用でも山中でするのは慎もう。公衆トイレは有料（チップ制・100～200円）なので、小銭の用意も忘れないようにしたい。

沼山峠の公衆トイレ（左）。尾瀬の公衆トイレは基本的にチップ制となっている

尾瀬の自然を守るために、公衆トイレには浄化槽が備えられ、トイレットペーパーの補充や清掃など、管理に多額の費用が必要となる。チップはその費用の一部に充てられているので、尾瀬歩きのマナーとして気持ちよく協力したい。

◉山小屋での注意点

尾瀬の山小屋は完全予約制となっているため、宿泊する際は事前の予約が必要となる。急に予定を変えて1泊するということはできないので注意したい。

いずれも山小屋としては設備が整っており、売店や喫茶室も充実している。ミズバショウやニッコウキスゲが盛りの頃や週末は山小屋も混雑するので、できれば平日に訪れるのがおすすめだ。混雑時は相部屋になることもあり、食事やトイレも順番待ちを覚悟しなければならないが、譲り合いの精神で気持ちよく過ごしたい。

また、尾瀬は水が豊富なため、各小屋で風呂に入ることができる。水質保護のため石鹸・シャンプーは使用禁止だが、汗を流し、体を温めて疲れを癒せるのはありがたい。早発ちの宿泊者もいるので、消灯後は静かに過ごしたい（山小屋についてはP148も参照）。

安全に、快適に、尾瀬歩きをエンジョイするために

チェックしてみよう 服装と装備

尾瀬ヶ原や尾瀬沼周辺はコースの大部分が木道で整備され、初心者でも手軽に楽しめるフィールドとして人気を集めている。そのため普段着や軽装で歩く姿もしばしば見受けられる。好天に恵まれれば結果としてそれで問題なく歩けてしまうこともあるだろう。しかし、尾瀬は標高1400mを超える大自然の真っただ中、真夏でも朝夕の冷え込みは厳しく、天候の急変も珍しいことではない。服装や装備の不備が思わぬケガや事故、最悪の場合遭難につながることもあることを忘れてはならない。どんな状況にも対応でき、安全・快適に歩ける基本的な服装と装備をしっかりと準備して、美しい尾瀬の自然を満喫したい。

◉服装

尾瀬に限らず山歩きにはできる限り登山用のウェアを着用したい。登山用のウェアは、山という厳しい気象条件の中で繰り返す登下降を、より安全に、快適なものにするために、アイテムごとに防寒性、防水性、透湿性、速乾性、伸縮性などを考慮した素材で作られた、機能的なスポーツウェアだからだ。基本は長袖、長ズボンだが、夏の木道歩きなどでは日焼けが気にならなければ上はTシャツ1枚でもOK。初夏や秋、また夏でも山中で1泊する場合は朝夕の冷え込みに備え、フリース等の防寒着も用意したい。

ズボンはジーンズ等を避け、膝の曲げ伸ばしが楽なイージーパンツのようなタイプがおすすめ。ショートパンツの場合は、スポーツタイツと組み合わせるか、ロングソックスで足を保護しよう。下着も重要で、コットン製のTシャツなどは汗や雨で濡れてもなかなか乾かず、荒天時には体温低下につながる危険性も。吸汗速乾性素材や、春・秋ならメリノウールを使用したものを用意する。

◉雨具

レインスーツは登山装備の中で最も重要なアイテムのひとつ。防水性が高く、内側の湿

写真の女性はいわゆる山ガールファッションだが、たいへん機能的で、尾瀬にはもってこいのウェアといえる。男性なら長ズボンでもいいし、半ズボンとタイツの組み合わせでもかまわない。ウェアの主眼は、「荒天時に体温を下げない」「暑い時に熱を逃がす」という点にあるので、季節やその日の気温などに応じて、このスタイルを基準にあとは脱ぎ着すればいい。また、手袋とスカーフ（ネックウォーマー）をザックの雨蓋など取りやすいところに入れておくのもおすすめ。ちょっと気温が下がったり休憩したりする時などにパッと身に付けることで寒さを防いでくれる。軽く小さいものだが、その効果は想像以上だ。

気を外部に発散させるゴアテックス等の透湿防水素材のものがおすすめ。安価なゴム引きのものは防水性が高くても、蒸れが激しく、汗でびしょ濡れになってしまうので避けたい。上下セパレートのレインスーツは、防寒、防風用にも兼用できるので便利。降雨に備え、ザックカバーとスパッツもぜひ用意したい。

◉靴

登山の基本は歩くこと。足をしっかりと保護し、防水性も高く、不整地でも歩きやすいトレッキングシューズの使用をおすすめする。ソール（靴底）が硬めで、足首までカバーしたハイカットのタイプを選びたい。

いわゆるスニーカーは木道だけを歩くにはそれほど問題はないが、実際のコース中では多少の岩道、泥道、ぬかるみなども通過する。ソールが柔らかく、くるぶしを覆わないスニーカーでは岩道では足を痛めやすく、泥道では滑りやすい。また、ちょっとしたぬかるみの通過にも苦労することになる。至仏山や燧ヶ岳の登山を予定している場合はトレッキングシューズが不可欠（ただしソールが硬い登山靴は濡れた木道で滑りやすい）。

◉ザック

日帰りなら20ℓ程度、山小屋に1～2泊なら30ℓ程度の容量のザックを用意しよう。大容量のザックを選ぶ場合はさまざまな調整システムなども重要になるが、小型のザックの場合は気に入ったデザインなどで選んでも問題はないだろう。肝心なのは荷物を必要最小限に選択し、軽量化を図ることだ。

◉その他の重要装備

地図とコンパス（あるいはGPS）はパーティーに1組は必ず持参したい。ヘッドランプ（懐中電灯）は、万一に備え、日帰りでも必携だ。水と非常食も同様に、下山するまでしっかりとザックに確保しておくことを山行の習慣とすることをおすすめする。

服装・装備一覧表（日帰りまたは山小屋泊の場合）

◎は着用、○は必携、△はあると便利なもの、
＊は残雪が予想される場合用意したいもの

服装		夏	春・秋
ズボン（長ズボン）	ストレッチ性の高いものを	◎	◎
タイツ（防寒用）	ウールまたは化繊のもの	－	○
スポーツタイツ	疲労度軽減に効果	△	△
長袖シャツ	春・秋はウールのものを	◎	◎
半袖シャツ	Tシャツやポロシャツなど	○	－
フリース等防寒着	ジャケットタイプが便利	○	◎
替え下着（上下）	吸汗速乾性素材のものを	○	○
替え靴下	ウールまたは化繊のもの	○	○
帽子	ツバ広のものは顎ヒモ付に	◎	◎
手袋	軍手でも可	△	○
レインウェア	透湿防水素材のものを	○	○

一般携行品		シーズン共通
筆記用具・メモ帳	山行記録手帳も市販	○
健康保険証	コピーでも可	○
救急薬品	パーティーに1セットでも可	○
洗面用具	日帰りには不要	○
ビニール袋	ゴミや濡れた衣類入れに	○
ティッシュペーパー	水溶性のものを使用	○
カメラ	軽量・コンパクトなデジカメを	△
ラジオ	天気予報や雷の探知にも	△
時計	高度計付きのものが便利	○
ガイドブック	コース確認や情報収集に	○

装備		シーズン共通
トレッキングシューズ	ハイカットのタイプに	◎
木道用滑り止め	靴底に装着。濡れた木道対策	△
スパッツ	ぬかるみ対策。ロングスパッツがいい	○
ザック	20～30ℓ程度の容量のものを	◎
ザックカバー	ザックのサイズに合ったものを	○
ストック	登山の際は便利	△
軽アイゼン	初夏、残雪が予想されるときに	＊
水筒	ペットボトルでも可	○
折り畳み傘	登山用の丈夫なものを	△
ヘッドランプ	手持ちの懐中電灯でも可	○
予備電池	電球タイプは予備球も	○
地形図・コンパス	2.5万分の1程度のものを	○
スマホ・GPS	予備バッテリーも忘れずに	○
レスキューシート	緊急時にあると心強い	△
行動食	行動時に食べやすいものを	○
非常食	行動食とは別に持参	○
ガスコンロ	食事付き山小屋泊の場合は不要	△
ガスカートリッジ	2泊程度までなら予備は不要	△
ライター	コンロの着火や非常用に	△
クッカー	湯沸し用の鍋ひとつでも可	△
食器・ナイフ	各人カップひとつで可	△
熊除け鈴	登山者が多い場合は外しておく	△

山名・地名索引

（五十音別）

あ

か

さ

※コース欄の丸囲み数字は本文の紹介コースナンバーです

尾瀬と周辺の山をあるく

大人の遠足BOOK

2021年 5 月15日　初版印刷
2021年 6 月 1日　初版発行

編集人　志田典子
発行人　今井敏行
発行所　JTBパブリッシング
〒162-8446　東京都新宿区払方町25-5

編集・制作　千秋社
奥多摩館（原邦三・吉田祐介）
編集協力　後藤厚子・中村昌之・森田秀巳
取材・文・写真　花畑日尚
奥多摩館・田口裕子・松倉一夫
森田秀巳・渡辺徳仁
写真協力　尾瀬小屋・フォトライブラリー
表紙写真　花畑日尚・松倉一夫
フォトライブラリー
表紙デザイン・イラスト　TOPPAN TANC（浅野有子）
フォーマットデザイン　MIKAN-DESIGN
（美柑和俊・中田薫・木田加奈子）
地図製作　千秋社
組版　千秋社
印刷　凸版印刷

本書の内容についてのお問合せ　☎03-6888-7846
図書のご注文　☎03-6888-7893
乱丁・落丁はお取替えいたします。

インターネットアドレス
おでかけ情報満載　https://rurubu.jp/andmore

◎本書の地図の作成にあたっては、国土地理院の国土基本情報を使用しました。

◎本書の取材・執筆にあたり、ご協力いただきました関係各位に、厚くお礼申し上げます。

◎本書の掲載データは2021年3月現在のものです。料金はすべて大人料金です。定休日は、年末年始、盆休み、ゴールデンウィークは省略しています。

◎各種データを含めた掲載内容の正確性には万全を期しておりますが、登山道の状況や施設の営業などは、気象状況などの影響で大きく変動する事があります。安全のために、お出かけ前には必ず電話等で事前に確認・予約する事をお勧めします。山では無理をせず、自己責任において行動されるようお願いいたします。事故や遭難など、弊社では一切の責任は負いかねますので、ご了承下さい。

Printed in Japan
213602　421293
ISBN 978-4-533-14510 0　C2026

JTBパブリッシング
https://jtbpublishing.co.jp/